하지마라 외과의사 II

칼에 생명을 불어넣는 외과 의사 이야기

하지마라 외과의사 II

초판 찍은 날 | 2022년 1월 20일
초판 펴낸 날 | 2022년 2월 03일

지은이 | 엄윤
펴낸이 | 김현중

디자인 | 임영경 ©macygraph
일러스트레이션 | 문준
책임편집 | 황인희
관리 | 위영희

펴낸곳 | ㈜양문
주소 | 01405 서울시 도봉구 노해로 341, 902호(창동 신원리베르텔)
전화 | 02.742.2563
팩스 | 02.742.2566
이메일 | ymbook@nate.com
출판등록 | 1996년 8월 7일(제1-1975호)

ISBN 978-89-94025-85-8 03300

하지마라 외과의사 II

엄윤 지음

Prologue

　처음엔 그냥 푸념이었다.

답답하기도 하고, 억울하기도 하고…

진짜 의사가 되겠다고 선택한 외과였지만, 그래서 나름 자부심도 있었지만,

외과 의사를 비롯한 많은 필수 의료 진료과를 선택한 사람들에 대해

의사가 아닌 사람들이 가지는 선입견과 편견은

내가 왜 이 짓을 하고 있나 하는 자괴감에 빠지게 했다.

의료 지식이 전무한 지인의 말은 철썩 같이 믿으면서도

전문 지식을 가진 의사의 말은 색안경을 끼고 보는 사람들.

　외과 개원의다 보니 내원 환자가 그리 많지 않아 심심하기도 하고…

2017년부터 페이스북에 글을 쓰기 시작했다.

누가 읽기나 할까? 라며 주절대기 시작한 그저 그런 흔한 의사의 넋두리에

의외로 많은 분이 호응해 주었고, 글의 기고를 부탁받기도 하였다.

글들을 모아 책으로 만들어보라는 주위의 권고에 처음에는 손사래를 쳤지만

자신의 글이 활자화 된다는 것은 참기 힘든 유혹임에 틀림이 없다.

지금까지 페이스북에 올렸던 90여 편이 넘는 에피소드 위주의 글 중에

스무 편을 골라 〈하지마라 외과의사〉라는 첫 책을 냈고

이제 열네 편을 골라 〈하지마라 외과의사 II〉라는 책을 내기에 이르렀다.

나머지의 글들도 활자화되는 행운이 올는지 모르지만

내 생애 책을 낸 것만으로도 감사한 마음뿐이다.

1998년에 병아리 의사가 되고, 2003년에 전문의가 된 이후

지금까지 외과 의사로 살아오면서 실제로 겪었던 일을 쓴 내용이지만

전공이 글쓰기도 아닌 데다 그다지 재능이 있는 것도 아니고

알고 있는 단어의 수조차도 형편없는지라

대부분의 글은 따옴표를 사용한 대화체이다.

요새 있었던 일들을 쓴 적도 있지만,

대부분은 과거의 기억을 떠올려 쓴 글이라

토씨하나 똑같이 기억할 수는 없어

대개 이러이러한 취지로, 이러이러한 내용을, 이러이러한 기분으로 말한

것을 글로 옮긴 것이니

읽는 분들은 이 점을 감안해 주시길 바란다.

대단할 것도 없고 그저 그런, 흔하디 흔한 외과 의사의 졸필을
호기심으로라도 집어든 분들께 감사드리며
특히 활자로만 가득한 책에 재치 넘치는 그림으로 생명을 불어넣어준
만능 재주꾼인 재활의학과 전문의 문준 원장에게 고마움을 전한다.

오늘도 자신을 갈아 넣어 생명을 살리고 계실
이 땅의 많은 선·후배 동료 의사분들에게도 무한한 존경과 감사를 드린다.

2021년을 마치며…

외과 의사 엄 윤

추천사

문학의 주된 기능 중의 하나가 카타르시스라고 했던가.

두산 백과에서는 '주인공의 비참한 운명에 의해 관중의 마음에 두려움과 연민의 감정이 격렬하게 유발되고, 그 과정에서 이들 인간적 정념이 어떠한 형태론가 순화된다고 하는 정신적 승화 작용'이라고 한다. 한 명의 초야 외과 의사로서, 이 책을 읽으며 내가 느낀 이 감정이 일반 독자에게 똑같은 작용을 할 수 있을런지는 모르겠다. 의사라는 직업에서 오는 선입견. 고소득 직종의 배부른 푸념, 지나치게 동일 직종에 종사하는 사람만이 느낄 수 있는 불평들은 아닐까? 처음부터 끝까지 투정과 분노로 가득 차 있는 이 책의 내용은 대부분의 사람이 환자인 이 사회에서 거부감을 유발할 수도 있겠다.

그럼에도 불구하고 이 책을 읽어야 하는 이유는 어디에 있을까.

죽도록 사랑한 사람에게 배신을 당하면 죽도록 미워진다고 했던가. 배신 당한 비련의 여자주인공이 죽어가는 남자주인공을 위해 눈물을 흘리는 스릴러를 종종 보고는 한다. 이 얼마나 아찔한 양가 감정이란 말인가. 찰나의 청춘 시절에 벌어지는 이 사소한 불씨에도 사람은 이토록 미쳐가는데, 일생을 바치기로 한 직업에서 매일매일 마주쳐야 하는 좌절감에서 사람은 어떤 혐오를 느끼며, 어떻게 극복하는가.

분리될 수 없는 삶과 직업 사이에서 오는 회의감과, 그럼에도 불구하고 칼을 놓을 수 없는 극복의 의지. 그 의지의 근간에는 어쩔 수 없는 환자에 대한 사랑과 인류애에 바탕을 둔 의학의 낭만이 있다. 불만 가득한 삶 속에서 저자가 찾은 인류애, 그것이 이 책을 꿰뚫는 답이요, 메시지일 것이다. 죽이고 싶을 정도로 미운 연인이지만, 그렇게 사랑할 수밖에 없는 연인인 것이다.

외과, 아니 의사를 하겠다는 후배들을 보면, 이제는 일종의 밈이 되어버린 결혼하지 말라는 유부남들의 충고를 떠올려본다.

분명 사랑해서 한 결혼이지만, 연애의 낭만과, 결혼 후의 현실에는 꽤나 많은 차이와 괴리가 존재하듯, 막연히 의사의 길을 동경하는 수험생부터, 아직 수련과를 정하지 않은 인턴 선생님들까지 꿈꾸는 의사상과 될 수 있는 의사에는 많은 간극이 있다.

하지만 정작 그들에게 자세한 이 바닥 얘기는 누가 해주고 있는가. 각종 매체나 현실에서 쉬이 볼 수 있는 대학병원, 대형 병원 의사의 삶은 전체 의사의 극히 일부에 불과하며, 남은 대다수의 의사가 마주쳐야 하는 수련 병원 밖에서의 전쟁과 같은 현실에 대해 설명해주는 선배들은 거의 없다시피 하다.

이 책의 내용이 외과에서만 벌어지는 일이라 생각지는 말아야 할 터, 의대생과 인턴들에게 이 책은 가히 실전 입문 교양서라 할 수 있을 터이다. 그럼에도 불구하고 바보 같은 로맨티시스트들은 계속 생겨날 테지만…
하지마라 외과 의사.

인천성모병원 외과 임상강사 김호영

〈하지마라 외과의사〉 1권을 읽고 2권을 기다렸습니다. 의학 드라마를 보면 너무 낭만적입니다. 병원에 가는 응급 환자는 대부분 살아나고, 병원 내의 의사들은 대부분 행복해 보입니다. 그런데 현실은 그렇지 않습니다. 그리고 의사와 환자 사이에는 의료 시스템이 있습니다. 그 시스템에 대해서 이야기를 해야 하는데, 이 책을 읽으면 우리나라 의료 시스템이 얼마나 엉망인가 알게 됩니다.

그렇다고 다른 나라의 의료 시스템이 훌륭하다는 착각을 하면 안됩니다. 코로나 바이러스에서 사람들을 지킨것은 이 엉망인 시스템을 몸을 갈아서 지키고 있는 여러 사람 덕분입니다. 이 책을 읽어 보고 현실이 어떤지 잠깐 알았으면 좋겠습니다. 다시금 망각을 하겠지만.

삼성제일 소아청소년과 소아청소년과 전문의 마태호

엄윤 선생님의 〈하지마라 외과의사〉에는 척박한 대한민국 의료 현실 속에서 오직 환자의 안위를 위해 피와 땀을 흘리는 의사들의 모습이 고스란히 담겨 있습니다.

그는 우리에게 의사를, 특히 외과 의사를 하지 말라는 화두를 던져줍니다. 하지만 이 책을 통해 이런 어려움 속에서도 의업의 길에 도전하는 미래의 꿈나무들이 많아지길, 나아가 대한민국 의료 현실이 개선되는 데에 초석과 같은 역할을 하는 책이 되길 바래봅니다.

대한의사협회 홍보이사 겸 부대변인

인하대학교병원 영상의학과 교수 이로운

대한민국의 의사들은 건강보험 강제지정제란 족쇄가 정부에 의해 강제로 채여진 채, 교과서적인 진료가 아닌 건강보험공단이나 심사평가원의 규정에 의한 진료, 삭감을 피하기 위한 진료, 의사직을 지키기 위한 방어진료를 하게끔 내몰려 있는 현실입니다.

의사와 환자 그리고 모든 국민이 만족하고 건강과 생명을 지킬 수 있는 의료 제도가 확립되기를 기대하며 같이 손잡고 노력해야 하겠습니다.

바른의료연구소 소장 산부인과 전문의 정인석

내가 일하는 현장에선 지방의 촌로 분들에게 최상의 의료서비스를 제공한다. 가끔 중국인 거주자의 장모님에게도 최상의 의료서비스를 제공한다. 외국인도 일정 기간 지나면 소정의 보험료만 내면 국내인과 똑같은 서비스를 받는단다.

이렇게 빠져나가는 재정이 2조 원이 넘는단다. 이렇게 해서 의료보험 재정이 어떻게 버틸까... 최상의 의료서비스와 병원 적자... 그리고 공단 운영의 방만함... 고마움을 모르는 의료 소비자... 의사와 환자를 갈라치기하는 정부... 한국의 이러한 의료의 모순을 일선 의사들이 뼈와 살을 갈아 버티는 현장의 목소리이다. 담배값 정도면 의사를 쉽게 만날 수 있고 편의점만큼 의원이 많아 접근성이 최상인 한국의 의료서비스를 받는 한국인 소비자들이 의사를 어떻게 대하는지도 잘 보여주고 있다.

공단이나 심평원이 쥐꼬리만한 의료 수가를 어떻게 삭감해서 의사들의 등골을 빼어먹는 장면도 많다. 나는 개업의가 아니라 이글들을 온전히 이해하지는 못하지만 한국에 사는 의사로서 이렇게 무너져가는 한국 의료를 보면서 내가 정작 의료가 필요한 10년, 20년 후에 한국 의료는 지금의 형태를 유지할 수 있을까 걱정이다.

생명을 다루는 내·외·산·소 소위 메이저 과목들의 지원율이 미달이다. 그나마 온전한 실력을 갖춘 저자와 같은 외과 의사들이 외과 의사 하지마라고 푸념하는 지금 한국 의료는 붕괴되기 시작했다고 볼 수 있다. 이 책은 일반인들이 읽었으면 좋겠다.

그래서 한국 의료 소비자들이 한국 의료의 위기를 감지했으면 저자의 노력이 헛되지 않을 것이다.

건양대병원 마취통증의학과 교수 지영석

대학 병원 외과 교수들이 싫어하는 얘기. 하지만 피한다고 해결이 안 되는 현실. 외과 교수님들 이 책 읽으세요.

인천 S병원 정형외과 전문의 김종익

차 례

1

살아주셔서 감사합니다

Episode #1

강북삼성병원 신경외과 정연구 선생님의 이야기이다.
(본인의 동의를 받고 소속과 성함을 밝힘을 알려드립니다.)
.

.

.

70대 어르신이 진료실로 들어오신다.
진료실 입구에서부터 쌕쌕거리는 소리가 들리기 시작한다.
가까이 와서 의자에 앉으시려고 하는데,
목에 얼핏 봐도 10cm 가량 되어 보이는 혹이 있었다. 마치 김일성처럼…
일단 자를 가지고 와서 직경을 재보니 10cm가 넘었다.

할머니는 이전부터 갑상선 질환이 있는 것은 알고 계신 듯 별거 아니란 듯이 말씀을 이어가신다. 요즘 들어 숨이 더 찬 것 같다고...

난 신경외과 의사이다. 갑상선에 대해서는 잘 알지 못하지만, 경추 수술을 시행하고 목 안쪽에 혈종이 생기면, 기도를 압박해서 위험할 수 있다는 것을 전공의 시절 수도 없이 얘기했고, 실제도 경추 수술한 환자의 회진 시 첫마디가 "숨차지 않으세요?"라고 묻는 것이었다.

그렇다. 내가 보기에는 할머니의 양성 갑상선종으로 의심되는 혹이(천천히 자랐다는 것으로 미뤄봤을 때 양성일 가능성이 높으므로) 천천히 할머니의 기도를 압박하면서, 폐쇄성 호흡 곤란이 찾아온 것 같아 보였다.

당장 칼이라도 있었으면, 수술대라도 있었으면,
내가 할머니 목의 혹을 제거해 드리고 싶을 정도였다.
하지만 이곳은 대학병원도 아니고, 수술실도 없으며,
혹을 제거할 기구조차 마련되지 않은 보건소 진료실이다.
할머니께 큰 병원에 가시라고 말씀드리면서 의뢰서를 작성해 드렸다.

할머니 표정이 왠지 시큰둥해 보인다.
조심스레 이유를 여쭤보니, 수술비가 부담스러우신 것이었다.
절대로 큰 병원에 가시지 않을 것 같았다.
내가 드리는 의뢰서는 할머니 방구석에서 조용히 사라질 것이다.

"안되겠어요. 할머니 아드님 전화 좀 해주세요."

할머니는 또다시 망설이신다. 타지에 나가 있는 아들에게 손 벌리는 것조차 부담스러워 하고 계셨다. 막무가내로 할머니의 핸드폰을 가로채 아드님께 전화를 했지만, 아드님의 반응에 당황스러웠다.

"원래 알고 있던 병이에요. 그 연세에 수술은 무슨 수술입니까?
당뇨도 있고 그래서 수술 못합니다. 알아서 할게요."

"할머니 병을 치료하자는 게 아닙니다. 혹을 다 떼자는 것도 아닙니다.
기도 눌리는 것만 풀어줘도 숨찬 것도 좋아져요. 어려운 수술도 아닙니다."

"신경 써 주시는 건 감사한데, 저희가 알아서 할게요"

안되겠다 싶어서 좀 강도를 높여본다.

"아드님!! 수술 안하시면 할머니 죽습니다."

"예. 알겠습니다. 알아서 할게요."
전화를 끊고, 다시 할머니를 설득하기 시작한다.
할머니께 거듭 설명을 드리고 대화를 하다 보니, 치료 의지가 없는 것은 아니었다. 문제는 결국 치료비, 수술비인 것 같았다.

할머니께 보험도 되고, 수술비가 무지막지하게 많이 나오진 않을 것이라고 설명 드렸다.

할머니의 보험 관계에 대해 여쭙다보니

할아버지가 월남전 참전 용사이시고,

국가유공자 혜택을 받고 계신 것을 알게 되었다.

곧바로 보훈병원에서 수련을 받은 학교 선배님께 전화를 드렸다.

본인은 전액 치료비 및 수술비가 무료이고, 배우자이신 할머니도 50% 이상의 혜택이 있는 것 같다는 말을 들었다. 할머니의 여건상 서울로 가긴 힘드실 것 같아 인터넷을 통해 대구 보훈병원의 존재를 알게 되었고, 외과에 계신 세 분의 과장님 중 갑상선 질환을 담당하시는 분의 성함을 종이에 적어 진료의뢰서와 함께 가방에 넣어드렸다.

"할머니! 이 의뢰서랑 종이 가지고, 대구 가세요. 1주일 안에 꼭 가셔야 하구요. 병원 안내 데스크에 이 종이 보여주시면, 알아서 해드릴 거예요."

그렇게 할머니를 보내는데, 마음 한구석이 너무 아프다.

마침 지나가던 방문 간호사가 할머니를 보고 힘들게 걸어가시는 할머니를 부축해 주신다.

알고 보니 할머니 댁 방문 담당인 간호사였고 그 분께 다시 한 번 할머니가 병원에 가실 수 있게 해달라고 당부해 본다.

할머니를 진료실 문 앞까지 배웅해드리자 등이 굽고, 숨이 차서 차마 내 얼굴도 똑바로 볼 수 없던 할머니가 내 손을 꼭 잡고 말씀하신다.

"슨상님, 고맙습니더. 다 늙은 사람 만다꼬 살리시겠다고 이 고생을 하요?"

전공의 시절 우리 과장님께서 자주 하시던 말씀이 기억나
웃으면서 할매 어깨를 툭 치며 말씀드린다.

"아이고! 할매! 아직 30년은 더 살아야 하는데, 무슨 소리예요?"

그렇게 할머니는 보건소 문 밖을 나가셨는데 아직 두 달 간 소식이 없으시다.
문득 보건소 근무 초에 만났던 그 할머니가 생각나면
걱정도 되고, 궁금하기도 하다.
지금 생각난 김에 방문 간호사실에 전화를 해 봐야겠다.
.
.
.

내가 레지던트 시절.
선배들이 늘상 하던 얘기가 있었다.
"보호자가 환자를 포기하면 환자는 50% 죽지만,
의사가 환자를 포기하면 환자는 100% 죽는다."

실제로 진료를 하다보면 경제적인 이유로, 또는 가족 관계의 문제로 적절

한 치료를 받을 형편이 안 되는 환자가 많다.

치질 같은 양성 질환이야 어찌어찌 참는다고는 하나 생활에 심각한 불편을 일으키거나 생명을 위태롭게 할 수 있는 질병에서조차 치료를 받을 수 없을 정도의 환자들은 생면부지의 의사들이라 할지라도 의사 본연의 사명감을 불러일으키게 된다. 또 그러한 의사들은 어떻게 해서든 환자가 적절한 치료를 받을 수 있도록 자신의 인맥을 총동원하여 부탁하고 조아리고 아쉬운 소리를 하며 그것이 성사되었을 때 환자나 보호자보다 더 기뻐하게 된다.

일개 공중보건의에 불과했지만 자신이 할 수 있는 최대한의 노력으로 여기저기 알아보고, 연결하고, 부탁하고 공중보건의로서 가질 수 있는 최대한의 권력(?)으로 방문 간호사에게 할머니를 부탁하는 것이 정연구 선생님이 할 수 있는 전부였지만 의뢰서를 쥐어주며 병원에 꼭 가시라는 말씀을 드리고 돌아서 가는 환자의 뒷모습을 보며 그가 지었을 표정을 떠올리기란 그리 어려운 것이 아니리라...
.

.

.

하나 하나의 문장마다 존칭을 따박 따박 붙이는 것을 보며
'과연 옵세(Obsessive:강박적인) NS...'
라는 생각이 들었다.

그를 만나서 다른 글이 더 있는지를 물었을 때 그에게서 돌아온 대답은 고개를 끄덕이게 했다.

"제 글을 본 제 동료, 친구들이 그러더라구요...
마음 따뜻한 슈바이처 의사 나셨네...
그런 얘기를 듣고 나니 다른 글을 쓰기가 좀 그렇더라구요..."
.

.

.

의사인 친구, 동료들이 왜 그런 말을 했을까?
할머니에게 불필요한 호의를 베푼 것에 대한 비아냥의 뜻이었을까?

아니다.
의사라면 누구나 했을 일을 뭐 구태여 글로 남겨 남들에게 알리는 공치사를 하느냐는 뜻이다.
.

.

.

전에도 한 번 언급한 적이 있는데 의사들이 의대와 수련의 과정을 거치면서 획득하게 되는 것 중 가장 큰 것은 의학 지식도, 수술 술기도 아닌 '인내심'이다.
아무리 힘든 상황일지라도 참고 견뎌내도록 트레이닝을 받는 사람들이라 자신의 힘든 일도, 잘한 일도 밖으로 잘 드러내지 않는다.

의사라면 다들 겪는 일이고, 하는 일인데 그런 일들을 드러내는 것이 머쓱하기 때문이다. 그리고는 자연스레 점점 기억에서 잊혀져간다. 충분히 공감이 가는 일이다.

.

.

.

다만,

이렇게 소개할 수 있는 소재가 잊혀지고 사라진다는 것은 다소 아쉽다.

.

.

.

Episode #2

이건 내 페이닥터 초기 시절의 경험이다.

.

.

.

그날따라 수술이 많았다.

미리 예정되어 있었던 수술을 하고 오후에 응급으로 온 appe.(충수돌기염)까지 처리했다.

짬짬이 외래도 보면서...

지친 몸으로 집에 돌아와 곯아 떨어졌는데 밤 12시 경 울리는 핸드폰. 응급실이다. 잠이 덜 깬 상태로 전화를 받는다.

"여보세요..."

"과장님, 응급실 OOO입니다. 내원 이틀 전부터 발생한 diffuse abdominal pain(전반적인 복통)을 주소로 내원한 환자인데요, X-ray에서 ileus(장 폐색) 소견이 보여서요..."

정확한 나이는 생각나지 않는다.

아마도 40대 후반에서 50대 초반의 남자 환자였던 것 같다.

"ileus(장 폐색)요? 예전에 수술한 경험이 있는 환자예요?"

"아뇨, 과거력상 수술 이력은 없습니다."

"수술한 적이 없는데 ileus(장 폐색)가 왜 생겼을까요?

internal hernia(복강 내 탈장)은 드문데..."

ileus(장 폐색)는 크게 paralytic ileus(마비성 장 폐색)과 mechanical ileus(기계적 장 폐색)

으로 나뉜다. paralytic ileus(마비성 장 폐색)의 경우 장으로 공급되는 혈관의 폐색 등으로

인해 장이 운동 기능을 상실하는 경우를 말하고 mechanical ileus(기계적 장 폐색)는 장 내

강에서 어떤 물질에 의해 막히거나(bezoar) 장 바깥의 유착성 밴드 등에 의해 물리적으로 눌려서 일어난다.

mechanical ileus(기계적 장 폐색)의 경우 환자가 이전에 수술을 받아 복강 내 유착이 생겨서 일어나는 경우가 대부분이다.

.

.

.

"수술 과거력은 없고 chronic alcoholics(만성 알콜중독자)로 alcoholic pancreatitis(알콜성 췌장염)은 여러 번 있었던 것 같습니다. 우리 병원에도 여러 번 오서서 내과에 입원했었네요."

"지금 amylase(아밀라제:췌장 효소) 높아요?"

"아뇨, 오늘은 정상입니다."

"그럼 우선 L-tube(비위관:소위 말하는 '콧줄'이다.) 꽂고 입원시켜주세요. 내일 아침에 가서 볼게요."

"...어... 과장님, 지금 환자 열 나는데요..."

"열이요? 얼만데요?"

"38도가 넘습니다..."

"에휴... 나갈게요... CT 좀 찍어봐 주세요."

주

mechanical ileus(기계적 장 폐색)으로 내원한 환자라 하더라도 금식을 시키고 L-tube(비위관)을 삽입한 후 장 내 압력을 감소시키면서 항생제를 쓰면 수술적 치료가 없이도 2주 이내에 폐색이 풀리는 경우가 70% 정도 되지만 열이 난다거나, 통증이 심하다거나, 백혈구 수치가 올라가는 등의 증상이나 사인이 동반될 경우 폐색된 장에 괴사가 진행될 수 있으므로 응급 수술을 통해 폐색을 풀어줘야 한다. 심할 경우 장의 일부를 절제하는 경우도 있다.

.

.

.

'아... 오늘은 정말 힘든 날이구나...'

왜 내가 수술이 많아 힘든 날만 골라서,
그것도 한밤중에만 응급실로 환자들이 오는지 참 미스테리라고 생각했다.

응급실.
60kg도 안되어 보이는 비쩍 마른 몸에 배만 빵빵한 환자. chronic alcoholics(만성 알콜중독자)의 전형적인 모습이다. 통증도 심해보였다.

"어휴..."
CT 상에서 엄청나게 늘어난 small bowel(소장)이 복강을 가득 채우고 있고 복강 내에 fluid(체액)가 고인 소견도 보인다. 소장의 일부는 조영제에 조영이 되지 않는다.

혈액검사 소견은 백혈구 수치의 증가, 혈소판 수치의 감소 소견이 보이고 PT/aPTT(혈액응고인자검사) 수치도 늘어진다.

환자는 sepsis(패혈증)로 가고 있었다.

대개의 chronic alcoholics(만성 알콜중독자)들이 그러하듯이 보호자도 없었다.

"환자분, 수술하셔야 됩니다."

"예, 예, 어서 어서 해 주세요, 너무 아파요. 선생님…"

옆으로 누워 웅크린 채 배를 감싸고 힘겹게 말한다.
수술 동의서에 사인을 하는 것도 힘겨워 보였다.
.
.
.
수술실.

수술의 과거력도 없는 환자가 mechanical ileus(기계적 장 폐색) 소견을 보이니 폐색의 원인을 모르고 들어가는 수술.

게다가 환자의 general condition(전신 상태)이 매우 나쁘다.

수술은 최대한 신속히 진행되어야 한다.

마취 시간이 길어질수록 수술 후 예후는 더욱 나빠질 것이 자명했다.

"나이프(knife) 주세요."

피하지방이 거의 없어 얇은 노트 정도의 두께밖에 되지 않는 환자의 복벽이 열리자마자 있는 대로 늘어나 빵빵해진 소장들이 열린 틈 사이를 비집고 튀어나온다.

늘어난 소장의 직경은 족히 7~8cm는 되어보였다.

복강 내에는 bloody fluid(혈액이 섞인 체액)이 고여 있고 역시 지방 조직이 거의 없어 투명해보일 정도로 얇아진 mesentery(장간막)은 mesenteric vessel(장간막 혈관)을 중심축으로 뱅그르르 돌아 있다.

소장을 뒤적이며 obstruction site(폐색 부위)를 찾았다.

워낙 마른 환자라 폐색 부위를 찾기가 어렵지는 않았다.

IC valve(Ileocecal valve:회맹판 - 소장과 대장이 이어지는 연결부)로부터 약 50cm 정도에서 adhesive band(유착 밴드)가 소장을 옥죄고 있었다.

adhesive band(유착 밴드)는 반복적인 pancreatitis(췌장염)으로 인해 복강 내에 흘러내린 inflammatory debris(염증성 분비물)들이 엉겨 붙어 만들어진 것이었다. 그러니 복부 수술의 과거력이 없는데도 mechanical ileus(기계적 장 폐색)이 생길 수 있었던 거지...

adhesive band(유착 밴드)의 proximal(근위부) small bowel(소장)이 어마어마하게 늘어나 있는 반면 그 이후의 distal(원위부) small bowel(소장)은 직경이 2cm도 안되어 보였다.

adhesive band(유착 밴드)를 잘라내었다.

"에휴..."
소장이 움직이지 않는다.
이미 congestion(울혈, 충혈)이 되어 붉어질 대로 붉어졌던 소장은 이미 검게 변했고 손가락으로 튕겨 봐도 아무런 반응을 보이지 않았다.
괴사다...

"자르자..."

어시스트 녀석에게 얘기하고 아직 살아 있는 소장 부위와 괴사된 소장 부위의 경계를 찾으니 adhesive band(유착 밴드)가 있던 부위로부터의 거리가 1m가 넘는다.

intestinal clamp(장 겸자)로 소장을 잡고 1m 가량의 소장을 잘라내는 데는 채 5분도 걸리지 않았다.
그러나 진짜 문제는 다른 데 있었으니...
"하아... 이걸 어떡하냐..."

.

.

.

잘라내고 난 소장을 서로 이어 붙여야 하는데
근위부 소장과 원위부 소장의 크기 차이가 너무 심하다.

직경이 7~8cm은 족히 되어 보이는 근위부 소장과
겨우 2cm가 될까 말까 한 원위부 소장의 직경이 서로 맞지 않는다.
서로 맞지 않는 직경의 장을 이어 붙이는 방법이 없는 것은 아니다.

소위 말하는 '어슷썰기'를 통해 원위부 소장의 끝부분을 비스듬하게 잘
라서 문합 부위를 넓어지게 하는 방법도 있기는 하지만 그것도 어느 정
도 가능해야 하는 방법이지 이렇게까지 직경이 3~4배의 차이가 나면 그
나마도 쉽지 않은 데다 근위부 소장의 경우 심한 edema(부종)으로 hand
sewing(수기 봉합)을 아무리 정성들여 한다 하더라도 부종이 빠지면서
anastomosis leakage(문합부 누출)가 발생할 가능성도 높았다.

잠깐 고민을 하고 있는데…

"과장님 아직 멀었을까요?"

마취과장이 물어온다.

"왜요?"

"환자 BP(혈압)가 좀 낮아서요, 수술을 좀 빨리 끝내실 수 없을까 해서요."

"아... 예..."

시간은 없고 환자 상태는 좋지 않았다.
스크럽 간호사에게 말했다.
"EEA(End-to-End Anastomosis device:단단문합기) 주세요."

EEA(End-to-End Anastomosis device:단단문합기)

: GI Tract(Gastro-Intestinal Tract:위장관)수술에서 식도-소장, 위-소장, 소장-소장, 소장-대장, 대장-직장 등을 단단 문합 형식으로 이어 붙여야 하는 경우에 쓰는 기구(또는 기계)이다. 어떻게 생긴 것인지 어떻게 쓰는 것인지를 쓰려면 너무 많은 얘기를 해야 하니 인터넷에서 각자 찾아보시기 바란다. Google에 'EEA stapler' 라고 치면 나온다.

.

.

.

원위부 소장에 잘 들어가지도 않는 envil(EEA device의 꼭지 부분 기구)에 반해 근위부 소장에는 EEA가 쑥 들어간다. 헐렁하다.
근위부 소장을 꺾어 End-to-Side(단측 문합) 방식으로 소장을 연결하고 근위부 소장의 Stump(남는 부분)는 GIA를 통해 처리하고 Lambert's

suture(봉합술의 일종)로 마무리했다.

GIA(Gastro-Intestinal Anastomosis device)

: 자세한 설명은 생략한다. 역시 찾아보시라. 사용 방법의 동영상까지 친절하게 나와 있다.

.

.

.

문합 부위를 손가락으로 만져보니 손가락 하나 정도가 통과할 정도의 내강이 만져진다.

'새지 말아야 할 텐데…'

나중에 소장의 부종이 빠지면 어찌될 지 모를 일이다.
수술 시에는 그게 가장 걱정이었다.
(나중에 보니 그딴 것은 걱정거리 축에도 못 끼는 것이었는데…)

Rectovesical pouch(환자가 서 있을 때의 복강 내 가장 낮은 부위로 수술 후 복강 내 액체들이 고이는 곳)에 JP drain(배액관의 일종)을 하나 넣고 배를 닫는데…
"과장님, 환자 self(자발 호흡)도 약하고 BP(혈압)도 계속 낮아서 extubation(인공 기도 제거)을 못 할 것 같아요.
일단 ICU(Intensive Care Unit:중환자실)로 가서 Ventilator(인공호흡기)

좀 달게요..."

"많이 낮아요?"

"예... 쫌..."

"그러시죠, 그럼..."

small bowel segmental resection(소장 부분 절제술)치고는 수술 시간이
오래 걸린 것은 아니었지만 환자의 상태는 그리 좋지 않았다.
.
.
.

ICU(중환자실).

"mental(의식)도 약해서 그냥 CMV mode(인공호흡기의 호흡 패턴 셋팅의
일종)로 할게요."

중환자실까지 따라온 마취과장이 말한다.

"예..."
몸에 뭐 이리 주렁주렁 달려 있는 것이 많은지 복잡하다.
시간을 보니 거의 새벽 5시가 다 되어간다.

'집에 뭘 가냐... 그냥 꼴딱 새우는구만... 아...'

.

.

.

피곤했다. 어제 그렇게 수술을 많이 하고도 두 시간 남짓밖에 잠을 못 잤
는데 밤을 거의 꼴딱 새우게 되니 환자에 대한 원망이 밀려왔다.

'그러게 평소에 술 좀 작작 먹지... 이게 뭐냐고...세상에 수술을 한 적이
한 번도 없는 사람이 무슨 mechanical obstruction(기계적 폐색)이냐고...'

"나 외래에 가 있을 테니까 뭔 일 있으면 그리로 전화해요."

ICU 간호사들에게 말하고는 외래로 갔다. 사람 하나 누우면 꽉 차는 진료
대는 딱딱하기까지 해서 ankylsoing spondylitis(강직성 척추염)이 있는
나는 똑바로 누울 경우 허리가 너무 아프다. 옆으로 누워서 팔장을 끼고
잠시 눈을 붙인다.

얼마나 흘렀을까...

따리리리리리 따리리리리리...
진료실의 전화기가 울린다.
"여보세요..."

"과장님, ICU인데요... 환자가 나온 이후로 계속 소변이 안 나오고, 지금은 BP도 좀 떨어져서요..."

"에휴... 갈게요."

휘청거리며 일어나 ICU로 향했다. 30대 중반의 나이에 한참 active할 때였지만 역시 인턴, 레지던트 시절보다는 체력이 떨어진다. 게다가 의사 인생의 최고 황금기인 공보의를 3년 넘게 하면서 널널한 생활에 익숙해진 몸은 더더욱 적응이 힘들다.

몸은 피곤하고, 잠도 못 자고 수술하느라 꼴딱 밤을 새웠는데 오늘 할 일은 그대로 온전히 날 기다리고 있는 것 아닌가 말이다.
툴툴거리며 ICU로 갔다.

'참 가지가지 한다, 가지가지 해... 좀 쉬게 두지를 않는구만... 에휴... dehydration(탈수)이겠지 뭐... 수액만 좀 더 주면 금방 좋아질 텐데 뭐...'
㊟

전신 마취를 하고 개복 수술을 받은 환자에서 소변이 나오지 않는 경우 중 가장 많은 이유가 탈수(dehydration)에 의한 것이다. 이럴 경우 수액만 좀 더 주더라도 소변은 금방 잘 나오게 된다. 그러나 가장 많은 원인이라고 해서 환자를 직접 보지도 않고 핍뇨(소변량이 적음)의 원인을 미루어 짐작해서는 안된다. 경우에 따라서는 체액량이 충분한 데도 소변이 나오지 않는 경우도 있어서 수액을 더 주었다가 환자를 더 악화시킬 수도 있기 때문이다. 우리는 이런 malpractice(잘못된 처방)를 흔히 '환자를 물에 빠트렸다'라고 표현한다.

.

.

.

ICU에 들어와 환자 앞으로 갔는데...

"어, 이거 왜 이래..."

잠이 확 깼다.

.

.

.

"SaO2(동맥혈 산소포화도)가 85?"

주

SaO2(Saturation of arterial O2:동맥혈 산소포화도)

: 동맥혈 내에 산소가 어느 정도 녹아 있는가를 보는 지표로 대개 정상인의 경우 95% 이상

을 보이며 대개 90% 이하로 떨어질 경우 호흡/순환기 쪽의 문제가 있음을 의미한다.

.

.

.

"계속 안 올라가네요."

ICU(중환자실) 간호사가 말했다.

"FiO2가 얼마예요?"

FiO2(Fraction of inspired oxygen:흡입산소농도)

: 호흡을 통해 들이마시는 기체에서 산소가 차지하는 부피 분율 혹은 몰 분율이다.

자연 상태의 공기에는 21%의 산소가 포함되며, 이는 FiO2 0.21과 같다. 인공호흡기에서

는 이 산소 농도를 인공적으로 정할 수 있는데 예를 들어 FiO2가 100%이라면 순수한 산소

를 인공 기도를 통해 공급하고 있다는 말이다.

.

.

.

"100%요."

"그런데 왜 그래?"

"portable 좀 찍어볼까요?"

portable(또는 portable X-ray라고 불린다.)

: 보통 X-ray를 찍기 위해서는 환자가 X-ray실로 이동해서 찍어야 하지만 중환자실이나 수

술실 같이 환자가 움직이기 힘든 공간에서 X-ray를 찍어야 할 필요가 있을 경우 이동식

X-ray 기계를 환자에게 가지고와서 촬영을 하게 된다.

.

.

.

"그래요."

간호사가 방사선사 call을 하려고 돌아서 가는 뒤통수에 대고 물었다.

"hourly urine(시간당 소변)은 얼마예요?"

"한 시간 지났는데 5cc 나왔어요."

"어휴..."

아직 mental(의식)이 돌아오지 않는 환자의 눈을 까뒤집어 보니
conjunctiva(결막)이 부어 띵띵하다.

체액량이 모자란 게 아니라는 뜻이다.

그럼 소변량이 적은 이유는?

"아... 씨... postop. lab.(수술 후 혈액검사)은 나왔어요?"

"아, 아직이요..."

수술이 끝나고 환자가 ICU로 들어온 지 한 시간이 좀 지난 시점이었다.

"아직이라고? 진짜야?"

"아, 지금 막 나왔네요."

어색한 웃음을 짓는 간호사를 한 번 째려보고는 결과를 확인하는데...

'혈...'

anemia(빈혈) 수치 정도는 아무것도 아니고...

WBC(백혈구 수치)가 2만대가 넘고(정상:4000~10000),

Platelet(혈소판 수치)은 4만이 안 되고(정상:14만~40만),

Creatinine(크레아티닌:신장 수치의 일종)은 3이 넘고(정상:대개 1.0~1.2 미만),

PT/aPTT(혈액응고인자 수치)는 45%이다(정상:100% 이상).

BP(Blood Pressure:혈압)는 systolic BP(수축기 혈압)가 80이고(정상:110 이상),

PR(Pulse Rate:맥박수)는 120이상(정상:대개 70~100),

BT(Body Temperature:체온)는 38도가 넘는다.

(정확한 수치는 기억 못합니다. 10년도 훌쩍 지난 일이라구요...

암튼 심각했어요, 그때는...)

'아... 씨... septic shock(패혈성 쇼크)이다...'

septic shock(패혈성 쇼크)

: sepsis(패혈증)으로 인해 나타나게 되는 shock(쇼크) 상태이다.

대개 전신 감염에 의해 나타나며 저혈압, 빈맥, 고열 또는 저체온을 동반한다.

쉽게 얘기하면 말 그대로 피[血]가 썩는[敗] 병[症]으로, 상처, 호흡기, 소화기관 등을 통해 침투한 혈액 내 병원체가 숙주의 면역 체계를 뚫고 번식하는 데 성공하여 숙주를 이겨버린 상태이다. 이로 인해 중요 장기로의 산소 및 영양분의 공급이 저하되어 장기의 기능이 떨어지고, 혈관 투과성이 증가돼서 혈관 내 알부민이 빠져나가서 혈관 내 정수압(hydrostatic pressure)이 낮아지며, 이로 인해 환자 혈관 내의 물이 다 주변 조직으로 빠져나가 쇼크, 부종 등도 발생한다. 인지력이 떨어지는 등 정신착란 증세가 일어나고, 사망까지 이어지기도 한다. 보통 패혈증(sepsis)의 경우 사망 위험도가 20~35%이지만, 빠르게 더 악화되어 패혈성 쇼크가 오면 40~60%가 사망하는 매우 치명적인 질환이다.

.

.

.

"subclavian(중심정맥관) 잡을게요."

간호사들이 바쁘게 움직인다.

subclavian(중심정맥관)을 잡는 동안 portable X-ray가 도착했다.

"얼른 좀 찍어주세요."

방사선사가 X-ray를 찍고 가자 간호사에게 말했다.

"blood culture(혈액배양검사) 좀 합시다."

아닌 밤중에 홍두깨라고 ICU 간호사들이 분주히 움직였다.

잠시 후...

"과장님, chest AP(흉부 X-ray) 나왔어요."

'헉...'

양측 폐가 다 허옇다.

방금 수술을 끝낸 환자라서 일시적인 pulmonary edema(폐부종)일 수도 있지만

현재 환자의 상태로는 ARDS(Acute Respiratoy Distress Syndrome:급성 호흡곤란증후군)을 배제할 수 없다.

물론 나타나기엔 시간이 좀 이르기는 했지만 패혈증으로 인한 것이라면 또 모를 일이다.

.

.

.

시간을 보니 얼추 7시가 되어가고 있었다.

'지금쯤엔 일어났겠지...'

좀처럼 소변 방울이 떨어지지 않는 hourly urine bag(시간당 소변량을 측정하도록 만들어진 소변 주머니)을 쳐다보다가 내과 진료부장에게 전화를 했다.

.

2017년 포스팅이었던가...

한 번 언급했던 적이 있었던, 같이 근무하던 동갑내기 내과 의사다.

코로나 시대에 매우 핫한(?) 그 모 감염내과 의사와 레지던트 동기였던 사람이다.

가지고 있는 지식이나,

환자에 대한 태도, 열정이나,

의사로서 가지는 자부심이나 사명감에 있어서

난 지금까지 그런 '진짜' 의사를 만난 적이 없다.

그가 했던 말 중에서 내가 아직도 기억하는 말이 있다.

언제였던가 한 번은 전신 상태가 매우 나쁜 환자의 수술을 내게 부탁한 적이 있었다.

"어휴... 부장님, 이 환자를 어떻게 수술해요? 이렇게 general condition(전신 상태)이 나쁜데... 마취과장이 마취나 걸어 주겠어요?"

"이 환자는 수술을 안 하고서는 좋아질 가능성이 없어요.

과장님, 무리라는 것은 알지만 수술 좀 해 주세요."

"그냥 큰 병원에 보내시는 게 낫지 않을까요?"

"이렇게 상태가 나쁜 환자를 어디서 받아주겠어요?

과장님이라면 제가 수술을 믿고 맡길 수 있어요. 좀 부탁드릴게요."

"수술한다 해도 살아날 가능성이 적을 수도 있어요, 워낙 전신 상태가 안 좋은 환자라..."

그 다음에 돌아온 이 말 한 마디에 난 더 이상 말을 하지 못했다.

.

.

.

"괜찮아요. 그냥 살려서만 수술방 밖으로 내보내세요. 그 다음엔 제가 살릴게요..."

.

.

.

(개 멋진 새끼...)

.

.

.

"여보세요..."

"아, 부장님. 아침 일찍 너무 죄송합니다. 혹시 일어나셨나요?"
"출근 중인데요..."

.

.

.

'헉, 벌써... 존나 부지런한 새끼...'

"아, 그럼 다행이네요. 어디쯤이세요?"

"거의 다 왔어요. 왜요?"

"제가 새벽에 수술한 환자가 있는데 septic shock(패혈성 쇼크) 같아서요. 좀 봐주십사 하구요..."
"10분이면 가요."

"예, 감사합니다."

10분은 무슨... 5분도 안돼서 ICU로 들어온다.
"무슨 환자인데요?"
"small bowel mechanical ileus(소장의 기계적 폐색)로
small bowel segmental resection(소장 부분절제술)을 했는데 septic shock(패혈성 쇼크)가 온 것 같아요.
과거력상 chronic alcoholics(만성 알콜중독자)로 alcoholic pancrea-titis(알콜성 췌장염)을 자주 앓았던 분인데..."

환자에 대해 설명을 하는데

누워 있는 환자를 보더니만 K(편의상 이 의사를 K라 하자)가 말한다.

"어? 부원장님 환자네요?"

"어? 부장님도 아세요?"

"예, 몇 번 대신 외래를 본 적이 있어요."

"아..."
"이 환자를 수술하셨어요?"

"예."
"우와... 용감하시네요. 하긴... 엄 과장님이시라면 뭐..."
"예? 왜요?"

상태가 좋지 않은 환자인 것은 알았지만

뭐 그 정도로 '용감'까지 얘기할 것은 아니었다.

그런데...

.

.

.

"LC(Liver Cirrhosis:간경화) 환자잖아요, 이 환자…"

"예? alcoholic pancreatitis(알콜성 췌장염) 환자 아니예요?"

"LC(간경화)도 같이 있어요, 모르셨어요?"

"아…"

"LC(간경화)예요, 이 환자… 모르셨구나…
chronic alcoholics(알콜중독자)인데 뭐 놀랄 일도 아니죠."
"예, 응급실에서는 응급실 챠트만 보고 하도 급해서 수술 들어가느라…
LC(간경화)가 심한가요?"
"아뇨, 많이 심한 것은 아니구요.
아직 LT(Liver Transplatatin:간 이식)해야 되는 단계까지는 아닌데 LC(간
경화)는 맞아요.
PT/aPTT(혈액응고인자검사)는 낮지 않았어요?"

"45%요…"

"그렇죠?"

"전 Sepsis(패혈증) 때문에 그런 줄로만 알았죠."

"뭐 그것도 있었겠죠. 그런데 워낙에 LC(간경화)이니..."

의사가 아닌 사람들은 혈액이 응고되려면 혈소판만 있으면 된다고 생각할지도 모르나 (어쩌면 혈소판이 혈액 응고에 관여한다는 것조차도 모를 수도 있겠지만) 혈액의 응고 과정은 크게 intrinsic pathway(내인성 과정)과 extrinsic pathway(외인성 과정)으로 나뉘며 여러 가지 응고 인자(factor I,II,V,VIII,IX,X,XI,XII, 등등)의 계단식 상호 작용을 거치는 과정을 통해 이루어진다.

이런 생리학, 혈액학적 지식은 전문가의 영역이니 설명은 생략하고
(의사들도 다 외우고 있는 사람이 적습니다.)
'간이 나쁘면 혈액 응고가 잘 되지 않아 수술할 때 출혈이 멈추지 않는다.'
라고만 알면 되겠다.

이러한 혈액 응고의 문제를 일으키는 간의 질환은 LC(간경화)가 대표적이며 그래서 수술 전, 중, 후의 출혈 가능성 때문에 외과 의사들은 LC(간경화)가 있는 환자를 수술하는 것을 매우 싫어한다.
·
·
·

응급실에서 본 환자의 상태가 심각해서 미처 환자가 LC(간경화)인 것을 알지는 못했지만 설령 그것을 알았다고 하더라도 그 시간에 환자를 대학병원 응급실로 보내봤자 거기서 수술이 가능할 거라는 보장도 없으며 이미

sepsis(패혈증)로 빠지기 시작한 환자를 보냈다가는 더 위험해질 가능성이 높으니 당시에 알았든 몰랐든 내가 수술할 수밖에 없었다.

〈하지마라 외과의사〉 1권의 '태양의 후회' 편에 나오는 그 short bowel syndrome(단장증후군) 환자의 케이스와 거의 유사한 환자다. 그 short bowel syndrome(단장증후군) 환자가 명지병원에서 수술을 받았다고 했을 때 내가 직접 보지 못했던 그 상황이 머릿속에 파노라마처럼 떠올랐던 것도 예전에 이 환자를 수술하고 치료했던 경험이 있기 때문이었다. 당시 명지병원의 외과 선생님과 협의 진료를 하신 선생님, 간호사들이 얼마나 고생을 하셨을지 정말 잘 알 것 같았다.)

.

.

.

"수술을 뭘 하셨다구요?"

"small bowel segmental resection(소장 부분 절제술)이요."

"septic shock(패혈성 쇼크)네요."

"예."

"blood culture(혈액배양검사)는 나갔나요?"
"예, 방금."

"그럼 그거 결과 나오는 대로 anti. (antibiotics:항생제)를 바꾸는 것으로 하고 우선 3세대 cepha. (cephalosporin:항생제의 일종으로 1, 2, 3, 4세대의 계열이 있고 각각의 계열마다 여러 개의 항생제가 있으며 감염된 세균의 종류에 따라 서로 다른 항생제를 쓴다.)부터 쓰시죠."

"ceftriaxone(3세대 cepha.의 일종) 쓰고 있습니다."
"예, 그럼 도파(dopa., dopamine:승압제의 일종)랑 노르에피(norepi., norepinephrine:심근수축력 강화제) 달고 라식스(lasix:이뇨제) 좀 쓰죠."

"예, 그것도 달아 놨습니다. 근데 HD(Hemodialysis:혈액 투석)를 해야 하지 않을까요?"

K가 환자의 lab.(혈액검사)을 보며 말했다.

"하면 좋겠지만 우리 병원엔 없으니…"
(당시 내가 근무하던 병원에는 투석실이 없었다.)

K가 다시 또 말했다.

"일단은 지금 상태에서는 대학병원으로 transfer(전원)할 수도 없고 아직 sepsis(패혈증)에 빠진지 얼마 되지 않았으니 다시 빠져나올 수 있어요. 열심히 해봐야죠. 불쌍한 분인데…"

"왜요?"

"이 환자 가족들에게 버림받았어요.
원래 하던 사업이 IMF 때 망해서 다른 일들을 여러 가지 했었던 모양인데
그마저도 잘 되지 않아서 그 때부터 술을 드시기 시작했는데 돈 없고 술 마
시니 와이프가 이혼을 하고 애들까지 데리고 가버렸나 보더라구요.
혼자 사시는 분인데 근근히 노가다 뛰면서 사시나봐요.
술을 많이 드셔서 그렇지 원래는 나름 괜찮은 대학도 나오신 인텔리예요."

"아..."

.

.

.

K가 평소 환자에게 잘 하는 것을 알기는 하지만
환자의 집안 사정까지 이렇게까지 알고 있을 거라는 점은 생각하지 못했다.

"부장님은 어떻게 그런 것까지 아세요?"
"아, 외래 수간호사 때문에요... OOO 수간호사가 워낙에 방송국이잖아요."
내과 외래 수간호사는 요즘 하는 말로 하면 투머치토커(too much talker:
말이 많은 사람)여서 환자들의 집안 사정까지 시시콜콜히 아는 사람이었
다. 이 수간호사가 K와 친해서 K는 수간호사로부터 들었다고 했다. 갑자
기 환자에게 미안해졌다.

웬 술을 그렇게 마시느냐고,

왜 하필 내가 피곤할 때, 그것도 한밤중에 오느냐고,

왜 장은 썩어서 수술을 힘들게 하느냐고,

왜 수술 후 혈압은 떨어지고 소변은 안 나오느냐고 툴툴댔던 내가 창피했다.

'힘들게 살아왔을 텐데... 사업이 망하고도 재기하려 무척 애썼을 텐데... 가족에게 버림받고 정말 힘들었을 텐데...

아무도 돌봐주지 않는, 돌아보지도 않는 삶이라는 게 무척 외로웠을 텐데...

의사라는 새끼가 지 피곤한 것만 생각하고 생명이 왔다 갔다 하는 환자한테 한다는 생각이라는 게...'

짠하기도 하고 부끄럽기도 했다.

인공 기도를 한 채 눈을 감고 있는 환자를 보며 잠시 멍해 있는데

K가 어깨를 툭 치며 말한다.

"과장님, 너무 걱정마세요.

힘든 환자 과장님이 수술하셨으니 이제 제가 살려놓을게요.

최선을 다 해 보자구요."

심심상인, 염화시중, 염화미소...

내 오른손 식지를 들어야만 할 것 같았다.

.

.

.

평소에도 워낙 친해서 맛집에도 같이 다니던 K이기도 하거니와

병원 내에서 서로의 환자에게 문제가 생겼을 때 발벗고 나서서 해결하다

보니 구태여 환자의 상태 변화를 알려주지 않아도 K는 자주 ICU(중환자

실)에 들러 환자의 상태를 보고 처방을 했다.

아침에 출근을 하자마자 ICU(중환자실)로 오는 것은 말할 것도 없었다.

그러나,

수술 후 나흘이 지나도 환자는 좀처럼 호전되지 않았다.

그동안 들어간 FFP(Fresh Frozen Plasma:신선동결혈장), platelet con-

centrate(혈소판농축액)와 albumin(알부민)은 몇 개인지 세지도 못한다.

그나마 다행인 것은 creatinine(신장 수치의 일종)이 낮아져 소변은 나오기

시작했지만 계속되는 인공호흡기에 의존한 호흡에 환자는 pneumonia(폐

렴)가 생겼다.

열은 계속 났고 SaO2(동맥혈 산소포화도)도 90을 경계로 위아래를 넘나들

고 있었다.

혹시나 해서 찍어본 chest lateral decubitus(옆으로 누워 찍은 흉부 사진)

에서 pleural effusion(흉막삼출액)이 보인다.

"과장님, pigtail catheter(돼지 꼬리 모양으로 생긴 배액관) 좀 넣어주

세요."

환자의 등쪽에서 pigtail을 넣고 있는데 K가 말한다.

"역시…"

"뭔데요?"

"blood culture(혈액배양검사) 나왔네요."

"아… 뭐 나왔어요?"

"보세요."
K가 침대 쪽으로 가지고 온다.

'아… 젠장..'
.

.

.

Streptococcus pneumoniae(폐렴 구균)

Staphylococcus aureus(황색 포도상구균)

Pseudomonas aeruginosa(녹농균)

Klebsiella pneumoniae(폐렴간균)

E. coli(대장균)

등등 양성이 아닌 세균을 찾기 힘들다.

sepsis(패혈증) 환자에서 항상 봐오던 세균이니 뭐 그리 놀랄 것은 없지만 MRSA(Methicillin Resistant Staphylococcus Aureus:메치실린-내성 황색 포도상구균)이 나온 것은 짜증이 났다.

'vancomycin(항생제의 일종), imipenem(항생제의 일종)... 어휴...'

(내가 왜 '어휴...'라고 하는지는 의사들은 다 알지 않을까...?)
.
.
.

"anti.(antibiotics:항생제)는 부장님이 알아서 처방해 주세요."

"그래요."

나중에 뭐가 어떻게 되든 일단 환자는 살리고 봐야 할 것 아닌가.
아직도 환자의 체온은 39~40도를 넘나들고 있는데 말이다.
.
.
.

Pleural effusion(흉막삼출액)이 제거되고 SaO2(동맥혈 산소포화도)는 조금 올랐지만 환자는 여전히 고열에 시달리고 있었고 mental state(의식 상태)도 여전히 semi-comatose(반혼수 상태)였다.

PT/aPTT(혈액응고수치의 일종)도 여전히 정상 회복이 되지 않았고, 아무리 albumin(알부민)을 때려 넣어도 하루, 이틀만 지나면 다시 떨어졌다.

어찌보면 당연한 것이긴 하겠지만 혈액 속에 세균이 득시글거리는데 환자의 상태가 좋아지길 바란다는 게 무리한 일일지도 몰랐다.

아침 회진 시간에 ICU(중환자실)에서 만난 K가

환자의 침대 옆에 서 있는 나에게 말했다.

"anti.(antibiotics:항생제)를 바꿨으니 좀 더 지켜보자구요.

최선을 다했는데도 안 되면 어쩌겠어요. 우리의 능력을 넘는 일인데..."

"......"

.

.

.

K가 가고 난 후 환자의 얼굴을 보며 생각했다.

'주님, 보고 계시잖아요... 잘못했어요. 잘못했습니다.

제가 잘못했으니 이 환자 좀 살려주세요...'

.

.

.

수술을 한지 일주일이 넘어가고 있는 어느 날.

아직도 환자는 사경을 헤매는데 외래로 원무과장이 찾아왔다.

"어쩐 일이세요?"

"아, 과장님. 중환자실 OOO환자요…"

"예."

"그 환자가 의료 급여 환자가 아니라서요…"

"예, 알아요. 그런데요?"

"의료 급여가 아니면 치료비가 많이 나오는데…"

"……"

"이 환자가 알콜중독자고 지난 번 외래에 왔을 때도 검사비도 못 내고 하던 분이라…"

"그래서요?"

"그게… 치료가 언제까지 계속될 지 해서요…"

"그건 아직 모르죠. 아직 상태가 좋지 않아서..."

"그러니까요... 지금까지 들어간 혈액제제나 약이 너무 많고, 인공호흡기도 오래 쓰고, 중환자실에 오래 있고 해서 나중에 병원비가 너무 많이 나올 텐데 이 환자가 그 돈을 낼 수 있을지..."

"......"
"지금까지만 해도 수 백만 원이 나올 것 같아서..."

이해를 못 하는 바는 아니다.
원무과장이야 자기 나름대로의 일을 열심히 하고 있는 것이고 자기 업무에 우려되는 일을 미리 걱정하고 상의하는 것이 잘못은 아니다.
그러나 의사의 입장에서는...

"그래서요, 어쩌라구요?"

"아니, 뭐 어쩌시라는 게 아니구요... 좀 걱정이 되어서 그러죠."
약간 누그러진다.

"방법은 원무과장님이 찾으셔야죠.
환자가 돈을 낼 수 없을 거라고 생각해서 의사가 환자에게 필요한 약을 안쓸 수는 없잖아요. 안 그래요?"

"그건 그렇죠…"

"방법은 원무과장님이 찾아 주세요. 정 안되면 다시 말씀해 주시구요."

"…예…"
라고 말을 했지만
원무과장인들 무슨 방법이 있겠나 싶었다.
.
.
.
그러거나 말거나
환자에게 필요한 약물이나 수액, 혈액제제는 꿋꿋이 들어가고 있었다.

K나 나나,
그런 것에 굴복해서 환자에게 필요한 것을 하지 않을 사람은 아니었으니
까…(지나와서 내가 원장을 해보고 하는 말인데… 원무과장님, 그때 그렇
게 냉랭하게 얘기해서 죄송합니다. 제가 누구 월급을 줘보니 이제야 알겠
네요…)

ICU(중환자실).
"이 환자 FFP(Fresh Frozen Plasma:신선동결혈장) 열 개랑 albumin(알부
민) 한 개 더 주세요."

"과장님, 알부민은 더 안돼요."

"왜? 알부민 수치가 1.8인데... 3.0 이하면 되는 거 아냐?"

"3.0 이하여도 일주일에 한 개 밖에는 보험이 안 돼요."

"그럼 어쩌자구? 이 환자 죽여?"

"아니, 그런 말씀이 아니잖아요. 보험과에서 뭐라고 한다구요."

간호사도 살짝 짜증난 목소리였다.

"내가 보험과에 전화할게."

보험부장에게 전화를 했다.
"이 환자 알부민 좀 더 주게 해주세요."

"과장님, 알부민 급여 기준이..."
"알아요, 나도... 그래도 이 환자는 더 줘야 돼요. 안 그러면 이 환자 죽어요."

"그럼 100 대 100으로 줘야 돼요."

100 대 100

: 의료보험이 되는 항목인데 그 보험의 지급 기준에 미달하는 처방의 경우 의료보험 인정

비용 자체를 환자의 전액 부담으로 하면서 처방을 한다는 말이다.

예를 들어 알부민의 인정 비용이 10만 원이라면 보험 적용이 되면 보험공단에서 7만 원 가

량을 지급하고 환자는 3만 원 가량을 내지만 100 대 100이 되면 환자가 10만 원을 전액 부

담하는 형식이다.

문제는 그 보험의 지급 기준이라는 것이 전혀 현실을 무시한 공무원들의 탁상행정에 의해

결정되는 것이라는 거다.

.

.

.

"이 환자 돈도 별로 없다면서요…"

"휴… 그럼 과장님이 투약 사유서를 써 주세요.

심평원에 내 볼게요…"

"에휴… 알았어요. 제가 쓸게요."

환자에게 반드시 필요한 처방인데도 왜 이걸 공무원에게 사유서까지 써

가면서 허락을 받아야 하는 건지…

사유서를 쓴다고 해도 인정되지 않을 가능성이 99%인데 지푸라기라도 잡

는 심정으로 사유서를 썼다.

'상기 환자는 평소 chronic alcoholics(만성 알콜중독자)로 Liver Cirrhosis (간경화)를 동반하고 있는 분입니다.

상기 환자 OOOO년 OO월 OO일 small bowel mechanical obstruction(소장의 기계적 폐색)으로 small bowel segmental resection(소장 부분 절제술) 후 septic shock(패혈성 쇼크) 발생하였으며 혈액검사상 albumin(알부민) 1.8 소견 보이고 generalized edema(전신 부종) 및 pulmonary edema(폐 부종) 소견 보여 albumin(알부민) 투여가 필수불가결한 상태입니다.'

이후로도 몇 장의 사유서를 더 써야만 했다.

그러나 그까짓 게 뭐 대수냐…
백 장, 천 장이라도 쓸 테니 환자만 깨어나준다면야…
반응이 없는 환자의 손을 잡고 속삭였다.

'깨어나준다면야 깨어나만 주시면 다 감당하겠습니다.'

vancomycin(항생제의 일종)과 meropenem(항생제의 일종:나중에 보니 K가 imipenem에서 meropenem으로 바꿨더라는…)이 들어가고 닷새 정도 지나자 환자의 열이 떨어지기 시작했다.

"다행이네요. 이제 약이 듣기 시작하나 봐요."

"그러게요, 역시 anti.(antibiotics:항생제)는 닷새 이상 써야…"

K와 나는 약간 들떠 있었다.

"이제 Hyperalimentation(고영양 수액요법) 좀 하시는 게 좋지 않겠어요?"

"그러시죠."

Hyperalimentation(고영양 수액요법)

: 장기간 oral intake(경구 섭식)을 하지 못하는 환자에서 포도당 등의 일반 수액만으로는 필요한 영양분을 다 공급하지 못하기 때문에 시행하는 수액요법이다.

보통 고농도의 포도당, 아미노산, 지질 등이 포함되며 비타민과 각종 미네랄이 함유된다.

대개 대학병원에서 우유 빛깔의 하얀 백에 들어 있는 수액제를 환자들이 달고 다니는 것을 보았을 것이다. 바로 그거다. 일부에서는 TPN(Total Parenteral Nutrition:전 비경구 영양요법)이라고도 불린다. 요즘에야 많이 싸졌지만 예전에는 비싼 수액제제였고 보험 적용이 되지 않는 경우도 허다했다.

.

.

.

sepsis(패혈증) 환자에서 hyperalimentation(고영양 수액요법)을 하는 것이 좋은지 아닌지는 아직도 잘 모르겠다.

혈액 속에 세균이 득시글거리는 상황에서 고영양분을 넣어주면 세균이 먹어치우도록 세균만 좋은 일 시켜주는 거 아닌가 하는 생각에 나는 환자가 세균성 질환으로 고열이 날 때는 잘 하지 않았다.

(내과 선생님들의 고견 부탁드립니다.)

환자에게 hyperalimentation(고영양 수액요법)을 처방했다.

삭감? 아 몰라... 씨...

.

.

.

더디지만 환자는 하루하루 좋아지고 있었다.

자발 호흡도 생겨 인공호흡기도 SIMV mode(호흡 패턴의 일종)로 바뀌었고 통증에 대한 반응도 커지고 있었다.

수술 후 2주 정도 지났을까...

cheat AP(흉부 X-ray) 상 폐렴 소견이 호전되는 양상을 보이던 어느 날

ICU(중환자실)로부터 걸려온 전화.

"과장님, 환자 눈 떴어요."

병원 밖 주차장 구석에서 담배를 피우고 있다가
후다닥 일어나 중얼거리며 한 달음에 달려간다.

'감사합니다, 감사합니다. 주님, 감사합니다…'

눈은 떴지만 손발이 침대에 묶여 있으니
어리둥절한 눈빛으로 나를 쳐다본다.

"환자분, 제 말 들리세요?
들리시면 제 손을 잡아보세요."

묶여 있는 환자의 오른손이 내 손을 잡았다.

"SaO2(동맥혈 산소포화도) 얼마예요?"
"95%요."
"FiO2(Fraction of inspired oxygen:흡입산소농도)가 60%죠?"

"예, 0.6이요."
"일단 extubation(인공 기도 제거)는 하지 말고

ventilator(인공호흡기)만 떼죠. O2는 full로 주시구요."
오랫동안 환자의 호흡을 담당했던 인공호흡기가 떼지고
인공 기도를 통해서 산소가 공급되었다.

"부장님께 연락했어요?"

"예."

조금 있으니 K가 왔다.

"아, 깨어났네요. 다행이예요. 환자분, 여기 어딘지 아시겠어요?"

환자가 머리를 약간 까딱하면서 눈을 맞췄다.

"퇴근할 때 쯤 다시 보고 extubation(인공 기도 제거)은 제가 할게요."
"예, 감사합니다. 부장님…"
.
.
.
다음날 ICU(중환자실)로 갔더니 쉰 목소리로 환자가 말한다.
"선생님, 살려주서서 감사합니다."
내가 수술 전 후 얼마나 툴툴거렸는지는 모른 채 2주 넘게 사경을 헤매던 환자였다. 사실 critical한 부분에 있어서의 처치는 K가 온전히 도맡아 했었다. 나보다 일찍 출근해서 환자를 살폈고 거의 자정이 다 되어서야 퇴근하며 처방을 했다.

갑자기 울컥 눈물이 났다.
내가 뭐라고 나한테...

"아닙니다. 살아주셔서 감사합니다."

레지던트 시절에야 대부분 내가 집도를 한 것이 아니었고
공보의 때야 큰 수술은 거의 없었던 데다가
보건의료원 특성상 위험한 환자는 볼 수가 없어 큰 병원으로 보냈으니
페이닥터가 되고 나서야 하게 된,
온전히 내 책임인, 내가 아니면 이 병원의 다른 누구도 살릴 수 없었던 치명적인 질환의 환자.
비록 나 혼자 한 것은 아니었지만,
아니, K의 도움이 아니었더라면 잃었을지도 모르는 환자였지만
그 첫 환자가 내게 고마워하고 있었다.

.

.

.

"2주가 넘게 중환자실에 계셨어요. 많이 위험했었습니다."

"감사합니다, 감사합니다."

환자를 일반 병실로 옮겼다.
다행히 그 수많은 고비를 넘기는 와중에도 수술 부위는 잘 아물었다.

다음 날부터 환자는
SOW(Sips of Water:물만 홀짝임),
LD(Liquid Diet:미음),
SD(Soft Diet:죽),
RD(Regular Diet:일반식)를 순차적으로 먹기 시작했고
특별한 이상 소견은 나타나지 않았다.
.

.

.

환자가 살고 나니 이제 숙제가 밀려왔다.
그동안 들어간 수많은 약물과 수액, 혈액제제. 그 수많은 검사비와 장기간
의 ICU(중환자실)입원에 의한 진료비.
환자가 감당할 수 있는 수준이 아닌 것은 자명했다.
나중에 들었는데 다른 처방들이야 내가 낸 것이지만 항생제와 몇몇 검사는
K가 낸 것이어서 원무과장이 K에게도 찾아갔었나 보다.
뭐 내 말과 똑같은 말을 들었겠지... 그러나 K의 대응은 나와는 달랐다고
한다.

"내 월급에서 까세요."

(개 멋진 새끼...)

.

.

.

나?

환자의 챠트를 들고 원장님을 찾아갔다.

원무과와 보험과로부터 보고를 들었는지
원장은 이 환자의 존재와 상황에 대해 이미 알고 있었다.

"알았다. 내 적당한 정도에서 받으라 하끄마..."

"감사합니다."

어쩌면 원장은 병원 내에서 월급 대비 가장 돈을 많이 벌어주는 두 놈의 요
구를 받아주지 않을 수 없었는지도 모른다.

.

.

.

환자의 몸에 달려 있던 것들이 하나둘씩 제거되고 이제 환자는 언제라도 퇴
원할 수 있게 되었다. 퇴원을 앞두고 병원비를 걱정하는 환자에게 말했다.

"어떻게 방법이 있겠지요. 너무 걱정하지 마세요."

환자의 퇴원 날.

환의를 갈아입은 환자가 외래로 찾아왔다.

"선생님, 정말 감사합니다. 선생님 덕분에 제가 살았습니다. 정말 감사합니다."

"아닙니다. 잘 이겨내주서서 제가 감사합니다.

다만, 이제 술은 더 이상 드시지 마세요."

"예, 예, 알겠습니다."

치료비에 대한 언급은 없었다.

아마도 환자가 부담 가능한 적정한 금액이었나 보다.

그렇게 환자는 퇴원했다.

수술 부위 실밥마저 다 제거된 환자는 이후 병원에 오지 않았다.

하긴, 올 필요가 없기도 했지만...

.

.

.

"보호자가 포기하면 환자는 50% 사망하지만,

의사가 포기하면 환자는 100% 죽는다."

외과 의사인 것이 뿌듯했다.

.

.

.

환자가 퇴원하고 한 달쯤 지났을까…

보험부장으로부터의 전화…

"과장님, 지난 번 퇴원한 sepsis(패혈증) 환자요…"

"예."

"그 환자 수술하실 때 쓰신

EEA(End-to-End Anastomosis device)랑 GIA(Gastro-Intestinal

Anastomosis device)요…"

"예."

"삭감되었어요. 사유서 좀 써주세요…"

.

.

.

의사는 의과대학 6년, 인턴/레지던트 5년을 거치고도

평생 의사로 지내면서 배운다.

그러나 그럼에도 불구하고 전혀 알지 못하는 질환을 만날 때가 있다.

내가 전혀 알지 못하는 질환을 맞닥뜨리게 되었을 때

의사가 느끼게 되는 막막함은

의사가 아닌 사람들과 별반 다를 것이 없다.

그럼에도 불구하고 환자를 살리기 위해 뛰어들어야 하는 것이

의사의 숙명임과 동시에 사명감이다.

전혀 정보가 없는 질환, 그것도 전염병.

게다가 사망자가 속출하는 판데믹(pandemic)의 질환에서

아무런 정보도 없이 몸으로 막아 뛰어드는 의사들은

무슨 생각으로 자신의 몸을 던졌을까?

언제 끝날지 모르는 이 이야기는

그들의 사투에 관한 기록이다.

(이제부터의 이야기는 2020년 대구에서 창궐한 코로나 사태에

대구시 의사회 소속 선생님들이 실제 겪은 이야기를

인터뷰를 통해 재구성한 이야기입니다.

인터뷰를 그대로 옮긴 것도 있고,

그때의 상황을 재구성한 내용도 있습니다.

대구시 의사회 선생님들께서 고군분투하던 그 자리에는

제가 없었으니

실제 대화의 톤과 표현 방법은 다를 수 있으나

전체적인 내용은 실제에 기초하여 기술했음을 알려드립니다.

또한 실제 있었던 사실도

기술함에 있어 타 직역과의 불필요한 오해나 시비거리가 될 수 있는 부분

은 제외하여 기술하지 않았습니다.

인터뷰에 선뜻 응해주신 대구시 의사 선생님들을 비롯하여

환자를 살리기 위해 자신을 돌보지 않고 헌신하신 의료진 여러분께

마음속 깊은 감사와 존경을 드립니다.)

.

.

.

다음은 대구시 의사 선생님들과의 인터뷰다.

"처음에는 아~무 생각이 없었어요.

그냥 막아야 된다는 생각밖에 아무런 생각이 없었어요."

전혀 모르는, 본 적도, 배운 적도 없는 전염병 창궐에

왜 뛰어 들었는지를 묻는 질문에 이런 대답이 나왔다.

"뭔가 터지긴 터졌는데...

여기 있는 의사들 입장에서는 느낌이 심상치 않아...

그때 당시에 대구시 의사회 회장님이 이성구 선생님인데

이거를 민간 의사들한테 전부 나오라 하기가 힘들잖아요.

그래서 우리 의사회 임원들한테 먼저 문자를 돌린 거라...

야, 일단은 임원 느그들 다 가.

일단은 뭔지도 모르겠는데 느그들 다 가. 이런 거라...

근데 단톡방에 이렇게 올렸는데

이사(임원)들이 하나도 빠짐없이 내가 가겠다고 다 나선 거라.

이게 뭔지도 모르고 아무 정보도 없는데

그냥 전부 다 내가 가겠다고...

그냥 다 나간 거야.

인터뷰만 내가 해서 그렇지 나도 그 중에 하나였을 뿐이고,

집사람도 같이 의사다 보니까

야, 그냥 우리 세트로 가자 해서 그렇게 나간 거지.

사람은 무조건 필요하니까...

검체 채취만 해도 우리 임직원 다 동원해도 모자랄 상황이었으니까..."

"무슨 생각으로 거기에 가셨어요?

적어도 당시 우한에서는 난리가 나서 사람들이 막 죽어나가고

그런 걸 아셨잖아요?

아무런 정보도 없는 상태였는데... 가시면 선생님도 죽을 수 있고 더군다

나 사모님도 같이 가시면

둘 다 죽을 수 있는 그런 상황인데..."

"죽을 수도 있었겠죠. 그런데 죽는다는 생각 해본 적은 없는데...

다만 부모님하고도 떨어져 있고 애하고도 떨어져 있으니...

야, 우리 둘이 뭐하냐? 같이 가자, 그래서 간 건데…"

"근데 그럴 때 부모님이나 자식 생각은…"

"우리 형님이 겁나 말리셨는데… 하하하…"

어떻게 웃음이 나오는지…
멘붕이 와버린 상황이었을 텐데…
뭐가 어떻게 될지,
심지어 자신과 부인이 어린 자식만 남겨두고 어찌될 지 모르는 상황이었
을 텐데 말이다.
말을 이어 받아서 얘기했다.
.
.
.

"근데 당시 분위기는 어떤가 하면 그런 걸 생각할 겨를이 없었어요.
그때는 아~무 생각이 없는 거야, 일단은 막아야 돼, 일단 가야 돼.
일단은 우리가…"

"그럼 그걸 왜 우리가?
정부도 있고, 보건소도 있고, 공무원도 있고, 방역 당국도 있고…
그런데 왜 민간인인 우리가?

그런 생각은 안 해 보셨어요?"

"그게... 내가 그 생각이 언제 들었냐 하면...
한 소끔 막아놓고... 이걸 왜 우리가 이래야 되지...?
이렇게... 그게 시작한 지 4~5개월 지나서인 거지..."

"본능적으로 할 때는 아무 생각이 없었어요."

"그리고 우리가 다 동원을 해도 더 이상 안 될 때,
그때 이제 느낌이 싸~ 한 거야...
그때 이성구 회장님이
아, 이게 이렇게 끝날 수 있는 일이 아니구나...
그래서 격문을 보낸 거야.
전국 의사들한테... 와 달라고..."

"근데 이제 이게 처음에 우한에서 빵 터졌을 때 대구가 우한이랑 자매결연
도시거든...
그래서 우리나라에 코로나가 없었을 때는
우리 이사(임원) 중에서 우한에 마스크 보내자고 했던 사람도 있었어요...
그때쯤인데...
우리 회장님이 얘기를 한 적이 있었어요.
우리가 우한처럼 코로나가 들어오면 어떻게 해야 되노?

그래서 제가 그랬어요.

우리는 투 트랙으로 가야 한다.

코로나 환자가 발생한다고 해서 일반 환자가 없는 것도 아니니

코로나 환자는 환자대로 병원을 정해서 격리 치료를 하고

일반 환자를 볼 수 있는 병원을 따로 분리해서

환자들을 치료해야 한다고…

emergency(응급) 환자를 다 봐야 된다. 이렇게…

그래서 코로나가 발생해서 회장님이 시장님과 얘기를 할 때

그 얘기를 했어요.

그래서 어느 정도는 계획이 있었어요, 우리는…"

.

.

.

"그래서 아예 시청 10층에 상황실을 만들어서 우리한테,

대구시 의사회한테 줬어요.

모든 결정은 우리가 모여 있는 거기에 와서 하고…"

"10층에 우리가 있고 우리보다 더 큰 중대본 상황실이 있었어요.

그 두 개가 headquarter로 있었고…

근데 제일 큰 문제가 생활치료센터를 우리가 아이디어를 냈었거든요,

생활치료센터를 만들어서 가야 한다. 이대로 하면 안 됩니다.

이러니까 멀쩡한 사람들을 왜 치료 시설에 두느냐고, 병실을 차지하면 어

떡하느냐고...

그래서 우리가 그러면 답 없다. 와 우리 말 안 듣노?

그럴 거면 우리가 방 뺀다... 이랬지요."

대구의 코로나 창궐 초기에 아무것도 모르는 상황에서

아무 지침이 없는 상태라 공무원들조차도 어떻게 해결해야 하는지를 몰랐

던 것이겠지...

그러나 대구시 의사회 선생님들은 의사라는 동물적인 감각과 지식으로 맨

땅에 헤딩하듯 하나하나 만들어갔다고 했다.

.

.

.

"그래서 생활치료센터를 만들어야 하는데

무슨 호텔을 하나 잡아서 만들려면

그 지역 주민들이 반대할 테니까

시장님으로서는 처음에는 많이 힘들었죠.

그래도 시장님이 의사회한테 전폭적인 지원을 해줘서

중앙연수원하고 경대(경북대) 기숙사를 생활치료센터로 만들었죠.

시장님은 그 판단에서 다음날이면 오케이 이렇게 해서 잘 도와주셨죠."

"그럼 공무원들과 같이 일하시면서 불편한 점은 없었나요?"

"뭘 하자고 하면 한 바퀴 쭉 돌아서 10층으로 다시 돌아와요.

결정을 해야 되는데 한 바퀴 돌아서 10층으로 다시 돌아와요.

뭘 하자고 제안을 해도 그걸 어떻게 하는지까지 다 정답을 줘야 움직이는

그런 아주 수동적인 시스템이었죠.

능동적인 것이 없는...

그런게 공무원과 일하면서 어려웠던 점이긴 한데

그건 공무원 특성상 그럴 수밖에 없으니...

그래도 나중엔 협조가 잘 되었죠."

"오죽했으면 처음에는 우리가 속으로 똑똑한 인턴 세 명만 주면

우리가 다 한다, 이렇게 생각할 정도였어요... 하하하..."

.

.

.

"당시에 10층에 상주하는 교수님이 네 분 있었고,

대구시 의사회에서 상주하는 의사가 두 명 있었는데

이게 다 돌아가면서 당직을 서고 있는데

곤란한 일이 생기면 공무원들이 다 무조건 10층으로 오는 거라...

그래서 여기에서 다 결론을 내 줘야 되는 거라...

그러니까 지금까지 뭔가를 자발적으로까지는 아니더라도 뭔가를 능동적,

합리적으로 해결하는 프로토콜 자체가 없었다는 거거든...

물론 이런 경우를 당해본 적이 없었으니까

프로토콜을 가질 수가 없었던 것은 당연하겠지만

그래도 너무 느리고, 단계가 너무 많고, 결재 라인도 너무 복잡하고…

그래서 이〇〇 교수님이 집어 던지고 화낸 게 바로 그거예요.

뭘 하나 하라고 하면 빨리빨리 하라고…

뭘 하나 얘길 하면 결재 받느라…

결재를 뭘 이래 오래 시간을…

뭐 이런 분위긴 거라…"

그랬을 것 같았다.

의사들은 그런 시스템을 못 참지…

.

.

.

"그 다음부터 회의가 10층에서 하루에 네 번씩

새벽에 있고,

10시인가 있고,

오후에 있고,

밤 11시에 있었거든요…

그 네 번의 회의에서 나온 결론을 무조건 반영하도록 지침이 바뀌었죠."

"사실 맨 처음에 질본에서 나온 관리 지침 자체가

메르스 사태 때 기준으로 나온 지침이었는데

지금 대구는 코로나 상황이 그 지침을 따를 수 없을 정도로 심각한 상황인데 질본이나 중앙정부에서는 대구에서 그 지침을 풀어주면(완화해주면) 다른 지역에서 같이 풀어줘야 하는데 그럴 수가 없으니까...

그러니까 질본 입장에서는 관리 지침을 대구만을 위해서 풀어 줄 수가 없는 거예요.

그런 게 굉장히 많아요."

"그런 게 많긴 한데...

그거를 좀 유연하게... 이게 법률이 아니잖아요,

대구 코로나 사태가 사상 초유고 처음 있는 일인데...

그러면 아, 이걸 누가 가장 슬기롭게 헤쳐 나갈 수 있는가 생각해보면 뻔하잖아요? 의사들이잖아...

감염내과부터 시작해서 대구시 의사들이 다 투입되어 있는데

그러면 이 사람들의 지침을 그 자체로 프로토콜을 만들어서 이행을 해줘야 하잖아요?"

"그래도 공무원치고는 대구시 공무원들이 처음 당한 일에서 빨리 지침을 만든 거지..."

.

.

.

왜 공무원들은 이런 의사들을 이해하지 못할까?

그건 의사와 공무원들의 일을 하는 체계가 다르기 때문이다.

그것에 대한 이야기가 이어졌다.

"그게... 의사들은 그래요.

의사들은 의과대학 다닐 때부터 혼자 진단하고, 검사하고, 치료하는 것을 기본으로 해서 트레이닝을 받고

워낙에 급박한 상황에서 빠른 판단을 해야 되기 때문에

모든 과정을 혼자 판단하고 실행하도록 훈련되어온 사람들이라

decision making(판단 결정)이 빠르고, 그걸 누구한테 물어보지 않아도 혼자서 결정하는 데에 익숙한 사람들인데

공무원들은 자기가 스스로 어떤 결정을 하지 못하고

계통을 밟아서 위로 올려서 위에서 결정을 해줘야지만

다시 일이 아래로 내려오는 구조를 가진 거라

결정 속도가 느릴 수밖에 없죠.

그러니 의사들은 그걸 보면서 복장이 터지고 한심하다고 생각하는 것이고

더군다나 코로나 판데믹 같은 사상 초유의 응급 상황에서

빨리빨리 의사 결정이 되어야 실행을 하는데

그 의사 결정 구조가 여러 단계로 되어 있으니 그게 답답할 수밖에 없는 거라...

의사 세계는 자기가 혼자 판단하고 치료할 수 있는 능력을 가져야지만 시장으로 풀려져 나와서 그 때서야 비로소 의사로서 살아갈 수 있게 하는 구

조지만 공무원들은 자기 마음대로 어떤 결정을 할 수가 없는 구조라서 느릴 수밖에 없는 거지...

그런데 반대로 생각하면 공무원 입장에서는 의사들을 보면서

어, 쟤네는 와 지 맘대로 결정을 하지? 지가 맘대로 결정해도 되는 거야?

우리처럼 계통을 밟아가 올라가야지 왜 쟤들은 즈들 맘대로 하는 거지?

그리고 나서 왜 나한테 화를 내? 이게 내 맘대로 할 수 있는 게 아닌데 왜 그래?

그런데 의사들은 이걸 빨리 막아야 되는데 왜 안 해?

이라는 거지..."

"그리고는 쭉 올라가서 최고 결정권자한테 가잖아요? 그럼 야, 니 생각대로 해. 이렇게 되는 거고 그러면 다시 10층으로 올라와서는 이거 어떻게 해야 돼요? 이렇게 되는 거지..."

"그게 그런데 나쁘다는 얘기는 아닌데 우리 입장에서는 말도 안 되는 소리지만 저 쪽 입장에서는 아니 그건 쟤네가 이상한 거지... 이라는 거지... 걔네들 입장에서는 그게 당연한 거지..."

solitary vs step by step decision making의 괴리감.

그게 의사와 공무원 사이의 가장 근본적인 차이였다.

.

.

.

뭐가 뭔지 아무것도 모르는 전염병이 창궐한 시점에

무슨 수를 써서라도 이를 막아내야만 하는,

처음부터 태생(?)적 사고 방식이 다른 두 집단의 협력에 있어서

얼마나 힘든 과정이 펼쳐졌을 지는 감히 가늠도 할 수 없다.

무에서 유를 창조해 내는 것.

이외에 무엇으로 더 표현할 수 있을까?

밀려오는 쓰나미를 맨몸으로 막아서면서도

그들은 체계화된 시스템을 만들기 위해

어쩌면 당연하게도 중앙정부나 공무원이 해야 할 일들을

하나하나 차곡차곡 만들어 갔다.

"우리는 코로나를 막기 위해서 가장 중요한 게 오더(order:처치 명령)의 알고리즘(algorithm:진행 절차)을 만들고 프로토콜을 만드는 것이라 생각하는데..."

"그 때 어땠냐면은 하루에 확진자가 700명씩 나오는 거야, 이 쪼매난 도시에서 하루에...

그래서 환자들이 확진을 받고도 입원을 못 하잖아요.

그래서 우리가 생활치료시설을 만들어야 된다. 그래 얘기하고 추진한 거고...

그래도 입원이나 병원이나 생활치료시설에 못 들어가는 환자들이 있잖아요, 확진자가 너무 많이 쏟아져 나오니까...

그 중에는 제 때에 병원에 입원하지 못해서 사망하는 환자가 나온 거라.

언론에서는 막 선정적으로 기사를 써대고...

그런 환자들한테도 우리가 가야 하는데 우리가 방호복 입고 거기를 우예 다 가노, 수백 곳으로 가야 하는데...

그래서 생각해낸 게 전화 상담을 해서 환자를 분류하기로 한 거야,

병원에 시급하게 입원해야 하는 환자,

생활치료시설에 입소시켜야 하는 환자,

집에서 격리를 하면서 상태를 지켜봐야 하는 환자. 이렇게 구분을 하자고 한 거지...

그래서 시장님에게 얘기를 해서 전화기를 놔 달라 해서

거기에 우리 대구시 의사회 소속 의사들, 자원 봉사 의사들을 배치해서

전화 상담을 해가지고 환자 분류를 시작한 거라...

환자를 분류하려면 기준이 있어야 되는데 그 때 경대(경북대) 감염내과 교수님이 scoring system을 만들어 줬어요.

환자의 리스크 팩터(risk factor:위험 인자)에 따라서 점수를 매겨서 분류를 할 수 있는 프로토콜인 거지...

그런데... 환자의 리스크 팩터(risk factor:위험 인자)를 구분해서 전화 상담을 해야 하는데

그 수많은 환자에게 일일이 다 과거력을 물어볼 수가 없잖아.

환자 본인들도 자기에게 무슨 병이 있는지조차도 잘 모르는데...

그래서 심평원에 전화해서 똑똑한 직원을 파견 좀 해달라고 한 거라...

그래서 심평원 시스템에 접속을 하면 이 환자가 어떤 다른 질환으로 치료를 받았는지를 신속히 알 수 있으니까...

우리 대구시 의사회는 대구 심평원이랑 친하거든...

그래가 심평원에서 부장급 직원 두 명이 시청으로 출근을 시작한 거라...

그 심평원 시스템에 접속을 하는 거를 이 사람들이 해주고

이 환자가 호흡기 질환이 있는가,

심혈관계 질환이 있는가 이런 것들로 중증도를 다 나눠가지고 입원시킬 사람은 입원시키고 그랬지..."

"우리가 하루에 많으면 천 명 넘게 상담을 하고...

그 scoring system이 정말 많은 환자를 살렸어요.

그 이후로는 환자가 집에서 사망한 케이스가 한 명도 없었을 정도였으니까...

이거는 완전 신의 한 수였어요..."

"병원에 오지 못하고 사망한 케이스가 전부 몇 명이었나요?"

"네 명이요. 그런데 그 시스템을 만든 이후로 집에서 죽은 사람이 한 사람도 없었어요..."

.

.

.

맨 땅에 헤딩하는 것은 시스템 구축만으로 끝나는 것이 아니었다.
직접적인 환자 케어에도 그들의 손길은 필요했다.

"임신부 중에서 확진자가 나온 거라..."

"아..."

의사라면 누구나 걱정하는 일이리라...

"우리가 제일 궁금하고 걱정되는 게 그거잖아요. 엄마의 바이러스가 아기한테 넘어가느냐?
넘어간다면 애가 나와서 사망하는 거냐, 이런 거...
그런데 아~무 정보나 데이터가 없잖아. 이제 막 발생한 질병인데 거기에 대한 논문도 없고...
근데 이걸 안 챙겼다가는 선정적 언론의 타겟이 되기 딱 좋은 거라...
그래서 대구 지역 산부인과 의사들을 다 소집했어요. 임신부 환자를 케어해야 된다 하고...
그래서 다 모였는데 이 산부인과 선생님들이 그러면 병동을 하나 내달라 이런 거라...
그런데 어느 병원에서 산부인과 병동을 내 주겠노? 확진자 임산부 하나만 딱 들어가도 그 병동은 올 스톱인데...
그래가 어찌어찌 해서 억지로 파티마 병원에 환자를 집어 넣고..."

그 다음에는 동산병원에 가서 병실을 달라고 해야 하는데

우리 와이프가 산부인과 의사잖아요.

그래서 와이프 보고 니 같이 가자...

니 같이 가서 내가 병원장님 만나서 무릎 꿇을 테니까 니도 옆에서 같이 무릎 꿇고 부탁해라, 그라믄 병실 하나 내주지 않겠나... 이렇게 하고 무릎 꿇을 생각하고 갔는데 그래도 다행히 무릎은 안 꿇어도 되게 병원장님이 해 주셔서...”

의사가 의사에게 환자를 위해 무릎을 꿇을 생각을 해야 한다는 게...

그것도 부부가 같이...

“아니, 그런 걸 왜 선생님이 하세요? 그건 행정적으로 처리를 해 줘야 하는 거지, 왜 민간인인 의사가 환자를 부탁하려고 무릎을 꿇어요?”

“그렇긴 한데... 그때는 그런 생각이 안 났어요. 그저 환자를 받아줄 병원을 구해야 한다는 생각밖에는...

임신부가 입원할 병실이 필요하다고 생각을 해서 아이디어를 내면 공무원들이 아, 그래요? 하면서 행정적으로 만들어 줘야 하는데 그때는 다 정신이 없는 상태라 얘기를 해도 아, 그런데요? 그거는 알아서 하세요. 이러니까...”

황당한 이야기는 계속 이어졌다.

“그라고 나서 병실을 하나만 더 만들어 주세요, 하나만 더 만들어 주세요.

이래 하고 있는데... 입원한 임신부가...”

“......”

“자기는 큰 애하고 같이 있어야 되는데 왜 모자동실을 안 만들어 주냐고...
하...”

“하아...”

“사람이 육체적으로 힘든 거는 아무것도 아니잖아. 우리 의사들은 몸 힘든
것은 잘 참도록 훈련이 된 사람들이잖아요. 그란데 내가 그럴 아무 이유가
없는데도 자기를 위해서 그래 하는데 내한테 그런 불평을 한다는 게...”

세상 어느 곳에서나,
어떤 상황에서나
불사조 진상 환자들은 항상 존재하나 보다.

“생활치료시설에 입소한 임신부 하나는 공무원을 통해서 왜 산부인과 전문
의를 생활치료시설로 보내주지 않냐고... 우리는 사람이 모자라 죽겠는데...”

“생활치료시설이 여러 군데잖아요. 그런데 사람들끼리 정보를 공유해서
어디는 시설이 좋고 어디는 시설이 나쁘다고... 자기는 좋은 곳으로 보내

달라고 하기도 하고..."

왜 아니겠나?
그런 상황에서도 그런 말이 나오는 것은
평소 의사들에 대한 국민의 의식 수준을 적나라하게 보여주는 것이겠지...

.

.

.

이러한 전대미문의 아비규환 상황에서
의사들이 기본적으로 가지는 생각은 무엇인가?
그들이 이렇게 사투를 벌일 때
다른 지역의, 나를 비롯한 이 땅의 의사들이 가졌던 생각은 무엇일까?

발만 동동 굴렀을 뿐
결국 참여하지도 못했던 비겁한 의사가
변명 그 이상도 이하도 아닌 말을 보탰다.

.

.

.

"제가 작년에 대구에서 코로나 창궐할 때 여기에 오고 싶어서 와이프랑 애
들에게 얘기를 했는데 가족들이 위험하다고 안 된다고 할 때 그랬어요.
대구의 의사들이 코로나 환자를 보기 위해서 투입된다고 해도 일반 다

른 질환의 환자들은 여전히 발생할 것이다. appe.(맹장염)나 cholecysti-tis(담낭염) 같은 질환들이요...
그러면 내가 그 공백에 들어가서 일을 하면 되는 것 아니냐...
그럼 코로나를 진료하는 위험한 일도 아니고..."

"아... 그렇죠. 이게 의사들의 마인드거든요. 의사들은 어떠한 상황에서도 합리적인 생각을 한다는 거죠. 코로나 때문에 의료의 공백이 발생했을 때 그 사각지대에 들어가서 일하겠다는 생각...
뭐 방역복 입고 카메라 찍히면서 폼나게(?) 일하는 것이 아니라 아무도 몰라주더라도 안 보이는 곳에서라도 환자를 살리겠다고 하는 생각... 이게 의산기라..."

말을 해 놓고 나서 너무 죄송했다. 결국 뛰어들지도 않았으면서 말잔치만 벌이는 것이 무슨 소용이란 말인가...

"그래봤자 결국 안 왔는데요, 뭘..."
씁쓸했다.

"아니예요. 그런 마인드가 중요한 겁니다. 의사는 이래야 되는기라예..."

누가 누굴 위로하는 건지...

.

.

.

이들이 이렇게 사투를 벌였는데도 국민 중 누가 이들 중 어느 하나의 이름을 알기라도 한단 말인가? 이들이 자신의 몸을 갈아 넣어 환자를 보살피며 코로나를 막아낼 때도 국민은 전혀 엉뚱한 이름을 강제로 기억 당했다.

"제가 화가 나는 것이 바로 이겁니다. 환자를 살리려 온갖 고생은 선생님들이 다 하셨는데 정작 국민들은 전혀 다른 사람들의 이름을 기억한다는 거죠. 이O갑, 기O란 같은 말도 안 되는 헛소리나 하고 다니는 X끼들 말이죠..."

"아... 하하하... 이O갑 그 X끼..."

"뭐 중국발 입국 차단하면 밀입국이 늘 거라는 그런 헛소리... 하하..."

"여기도 그런 애들 있었어요. OO협 소속 애들...
뭐 방역복 입고, 사진 찍히고, 폼은 다 잡고..."

.

.

.

의사는 환자 앞에 있을 때만 그 빛을 발한다.
방송국 스튜디오나 카메라 앞에 앉아서 무슨 환자를 살릴 수 있단 말인가?
자신의 영달이나 명성을 바라고 의사로서의 본분을 저버리며

의학적 원칙에도 맞지 않는 말들을

정권의 입맛에 맞게 떠들어대는 것이 의사로서 할 일인가?

그런 짓을 하면서 어찌 감히 의업에 종사한다고 말하겠는가?

다른 진짜 의사들의 희생을 퇴색시키는 파렴치한 짓일 뿐이다.

"엄 선생님이 그 말씀 하시니까 갑자기 그 생각이 나네...

내가 처음으로 배치받아서 간 병원이 성서 동산병원 응급실인데..."

.

.

.

(이 에피소드는 현장감을 더하기 위해 화자의 시점으로 각색했습니다.)

.

.

.

코로나가 창궐하는 시점에서 열이 있는 환자는

그 열의 원인을 알기 전엔 응급실로 들어가는 것이 제한된다.

나는 응급실 앞에서 코로나가 의심되는 환자를 분류하여

선별진료소로 보내는 일을 하고 있었다.

LOC(Loss of Consciousness:의식 불명) 환자가 응급실 앞으로 실려왔다.

BT(Body Temperature:체온) 38도...

환자에게서 술 냄새가 난다.

평소 환자는 주량이 소주 네 병 정도의 heavy alcoholics(과음주자)라 했다.

그러나 이 날 환자가 마신 술은 소주 한 병이랜다.

"술 마시고 넘어지셨는데 의식이 없어요."

환자가 의식이 없으니 열이 왜 나는지는 알 수 없었다.

코로나 검사를 한다고 해도 검사 결과는 한참 후에나 나올 일이었다.

그런데 환자는 지금 당장 의식이 없다.

Neurologic examination(신경학적 검사)을 하는데 Babinski sign(바빈스키 사인) 양성 소견이 보인다.

바빈스키징후(babinski sign, 바빈스키반사 Babinski reflex)는 발바닥의 외측을 발꿈치에서 발가락쪽 방향으로 발바닥을 그었을 때(자극), 그 후 발의 모양을 보는 신경학적 검사 방법이다.

바빈스키징후의 양성이라면, 엄지발가락이 등쪽으로 굴곡되고(dorsiflexion) 다른 발가락은 부채살처럼 펼쳐지는 현상(fanning)이 나타난다. 즉, 발가락이 위로 퍼진다. 음성이라면, 발을 움츠려 발바닥 쪽으로 구부린다. 이 현상은 상위운동신경원증후군(UMN syndrome)에서 나타나는 병적 반사 중 가장 기본적인 반사이며 피라미드로(추체로 pyramidal tract), 즉 피질척수로(corticospinal tract)가 손상되었을 때 나타난다. 의사가 아닌 분들에게는 어려운 전문 지식이다. 그냥 '바빈스키 양성 소견이면 신경계통의 문제가 있는 것이다.' 정도만 알면 된다.

.

．

．

'헉… 응급이다.'

지체할 시간이 없었다.

무조건 응급실로 들어가서 Brain CT(뇌 CT)를 찍어야 할 상황이다.

"아, 안됩니다. 환자가 열나잖아요, 몬 들어갑니다."
응급실 레지던트가 막아섰다.
"의식이 없어요… 퍼뜩 CT 찍어야 됩니다."

"안 됩니다. 환자 열나는데 코로나 감염 환자면 어쩌시려고 그럽니까? 안
됩니다. 몬 들어갑니다."

"환자가 의식이 없다고요."

"술 묵었으니까 그럴 수도 있지 않습니까?"

"평소 소주를 네 병을 묵는 사람인데 오늘 소주 한 병 묵었대요. 그런 사람
이 정신을 잃었어요. 이거 이상한 거잖아요. Babinski sign(바빈스키 사
인)도 양성이라고요…"
"선생님은 가정의학과잖아요…"

.

.

.

'헐...'

나는 가정의학과 전문의이다.

그러나 가정의학과 레지던트를 하기 전에 신경외과 레지던트를 했었고

비록 신경외과를 다 마치고 나온 것은 아니었지만

신경학적 검사의 이상 소견이 무엇을 의미하는지의 정도는 다 알고 있다.

신경외과 레지던트를 했었다는 얘기는 따로 하지 않았다.

.

.

.

"아이, 환자 진짜 brain(뇌)에 무슨 이상이 있는 거라니까... 빨리 CT 찍어야 된다니까요."

"안 됩니다. 환자가 나중에라도 만약 코로나 양성인 것이 밝혀지면 환자들 전부 감염시킬 것 아입니까? 그 때는 이 병원 전체를 폐쇄해야 될 지도 모릅니다. 안 됩니다."

완강했다.

그러나 이대로 환자를 방치했다가는 이 환자는 생명이 위독해질 것이다.

갑질을 할 수밖에 없었다.

응급의학과 교수로 있는 후배 양○○에게 전화를 했다.

"야, 니, 함 내리와 봐라. 환자가 평소 소주를 네 병 묵어도 멀쩡한 사람인데 소주 한 병 묵고 정신을 잃어서 왔다. 바빈스키 사인도 양성이고... 이기 정상이가? 퍼뜩 내리와 봐라..."

곧바로 후배가 내려왔다.
"으이... 시껍아... 이걸 왜 이제야... 이 쒸..."
환자를 진찰 한 후 후배 녀석이 응급실 레지던트를 째려보며 화를 냈다.

"이걸 지금까지 몬 들어오게 하면 우야노? 환자 직일끼가?"

"......"

"퍼뜩 CT 찍어라, 퍼뜩..."
환자는 응급실로 들어가고 바로 CT를 찍었다.
.
.
.

'헉...'

.
.

.

CT 상 SDH(Subdural hemorrhage:경막하 출혈)이 심해 midline(정중선)을 넘어 한 쪽으로 뇌가 밀리는 소견이 보였다.

"퍼뜩 NS(Neurosurgery:신경외과) 연락해라, 이거 수술해야 된다."
응급의학과 후배 교수 녀석이 말했다.

"큰일 날 뻔 했네예. 죄송합니다. 수고하셨습니다."
"환자만 잘 들어갔으면 됐다. 수고하그래이…"

다시 응급실 앞 선별진료소로 돌아왔다.

.

.

.

"코로나 환자는 코로나 환자대로, 일반 환자는 일반 환자대로 다 봐야 되는데 환자가 열이 있으면 이게 코로나가 같이 있는 건지 아닌지를 알 수가 없으니 이라지도 몬 하고 저러지도 몬 하고 많이 힘들었지요…"

환자들이야 불편한 증상을 가지고 병원에 오는 것이지만
의사들은 코로나 감염의 가능성, 전염의 가능성, 질병에 대한 검사 과정,
질병의 치료까지 모든 것을 자신의 머리속에서 체계화시켜 대응해야 한다.
더군다나 신종 전염병에 대해 아무 것도 모르는 상태에서

일반 다른 질환까지 겹치는 환자들을 보는 것이 얼마나 막막했을까...
그러면서도 결과는 좋아야 하니 말이다.

"선생님, 그 임신부 환자는 어떻게 됐나요? 아기는 감염이 안 되었나요?"

"임신부 환자들은 대구파티마 병원에 입원했었는데
전체로 봤을 때 임신부 확진 산모는 한 명이고 열이 있어서 코로나 감염이
의심되는 산모는 여덟 명이었어요.
근데 그 중에 급하게 분만을 해야 하는 산모가 두 명이라서 그 산모들은 정
상 분만으로 했고 나머지 일곱 명은 제왕절개로 수술했어요.
원래 태반을 통해서 바이러스가 감염되지는 않는 것으로 알려져 있어서
그런 걱정은 그리 크게 안 했는데, 문제는 아기가 나오자마자 엄마와 접촉
이 되는 거라서 그게 가장 걱정이었죠."

제왕절개를 통해 분만을 할 때 환자로부터 수술 의료진에게로의 감염성은
매우 높다.
따라서 수술 의료진은 모두 레벨D 방호복을 입고 수술을 진행해야 했고
수술 준비부터 수술과 회복까지 약 네 시간,
수술 후 장비와 분만장 소독 등에 약 두 시간 정도 걸린 까닭에
의료진은 총 6~7시간 동안 보호장구를 착용하고 있었어야만 했다고 한다.
분만 후 산모는 병원 내 음압 병실로 이동했고,
아기는 신생아 집중치료센터로 옮겨 코로나 검사를 받았다고 했다.

"아기 코로나 검사 결과가 음성이라고 나왔을 때 우리는 전부 환호했어요.
확진은 받았지만 산모도 건강하고, 아기도 음성이 나와서 건강하고...
그때는 진짜 너무 기뻐서..."

코로나 확산에 대한 두려움으로 지쳐가던 의료진과 시민들에게
아이의 출산은 큰 희망의 빛이 되었다고 했다.
모자 동실 요구 등의 기운 빠지게 하는 진상짓들에 대한 서운함도
산모의 건강과 아기의 무사함으로 위로받는 그들이었다.

.

.

.

어느 사회나 도움은 되지도 못하면서 말만 무성한 사람들이 있게 마련이
다. 다음의 글은 대구시 의사회가 발간한 코로나 백서에 수록된 글을 있는
그대로 옮긴 것이다.

- 코로나 19, 19가지 이야기 중 #07 - p196~197

대구시 일부 진보 성향 의료 단체와 몇몇 의사가
대구시와 대구시 의료계의 코로나 19 방역에 대한 성과에 대하여
폄훼하는 발언을 쏟아내어
결과적으로 의료계의 위신을 실추시키고
수고한 의료진의 자긍심을 훼손하는 큰 오점을 남겼다.

민주주의는 다양한 의견을 서로 조율하며 발전해 나간다.

의료도 마찬가지다.

다수의 목소리 뒤에는 소수의 의견이 존재하게 마련이고

이런 소수의 의견을 잘 소통하여 받아들이고 설득하여 함께 가는 것이 진정한 발전의 길이다.

그러나 다양한 의견을 개진하여 발전을 꾀하는 것과,

다수의 의견을 무시하고 시류에 영합하여 사익을 취하는 것은

엄연히 구별되어야 한다.

이러한 일부 소수의 돌출 행동은

일반 국민의 눈에는 정의로운 의사의 양심선언이나

의료계 내부의 분열로 보이기 쉽고, 결국 의료계 전체에 손해를 끼치는 결과를 초래한다.

특히 대구의 모 대학병원의 K교수는

인도주의를 내세우는 급진적 의료단체의 임원으로,

주로 진보 성향의 언론에 대구시를 대표하는 의료인으로 집중 부각되어

자신의 의견을 피력하며 대구시 의료계를 깎아내리기를 계속하였다.

그는 이성구 대구시 의사회장이 대구시 의사회원에게 발송하여

큰 반향을 불러일으킨 호소문에 대해서

'상당히 과장되고 감정적이었다.

의료가 붕괴되고 의사들이 쓰러지고 있다며 국민들에게 불안을 줬다'라고 불편한 심정으로 빈정거렸다.

경산 지역 17세 환자의 사망과 관련하여 중앙방역대책본부가
영남대학교 병원을 진단 검사 오류로 매도하며 검사실을 폐쇄한 일에 대하여 대구시 의사회가 발표한 항의 성명에 대해서도 비판의 날을 세웠다.
'메디시티 대구'에 대해서도 허상이었다며 비판하였다.

- 중략 -

이들이 반복하여 코로나 19 사태에 대한 대구시 의료계 성과를 비하하고
자신들의 주장을 계속하다 보니
어느새 이들은 바른 소리를 하는 참의사가 되고
대다수 의료진의 헌신적인 노력은 과장된 허상으로 매도당하는 인식이 퍼져 나갔다.
자신의 이름값을 올리기 위해 코로나 19 쓰나미에 빠진 대구를 위해 수고한 의료진의 공을 깎아내리는 모습은 결코 바람직한 일이 아니다.

13만 회원의 다양한 의견이 표출되는 것은 자연스러운 일이고,
이러한 다양한 의견을 난상토론을 거쳐 하나로 수렴하는 과정은 그 자체로 중요하다.
그러나 의견이 모아져 방향이 결정난 후에도
다른 목소리를 고집하는 것은 아집이요, 독선일 뿐이다.
전쟁터에 나가서도 내가 맞니 네가 맞니 하고 다투기만 하는 것은 적전 분열이고 패망의 지름길이다.

또 사후에 서로 손가락질하며 상호 비방에만 열중한다면 결국 상처와 분열외에 남을 것이 없다.

대다수 회원이 받아들이지 못하는 극단적인 의견을 자주 고집하는 까닭에 평소 그들을 외면하고 방치한 결과, 내분에 해당하는 일이 발생되어 결국 대 국민 신뢰도가 훼손되는 바람직하지 못한 결과를 자초하였다.

이번 일은 향후 의료계 내부 소통의 중요성을 교훈으로 남겼다.

의협은 비주류 의료단체들과 자주 소통하여 건전한 소수 의견으로 받아들이고 포용하는 지혜가 필요하겠다.

'Join, or die(뭉치면 살고, 흩어지면 죽는다.)'

이것이 불변의 진리임을 되새겨 봐야 하겠다.

.

.

.

의사는 환자 때문에 산다.

바이탈과 의사이든, 비바이탈과 의사이든 환자의 생명과 안전을 지키고, 불편을 덜어주기 위해 존재하는 사람들이다.

어떤 의사도 환자 앞에서 의사 본연의 사명을 저버리지 않는다.

그것이 우리가 존재하는 이유고 그렇게 하도록 그 오랜 시간을 교육 받아왔다.

.

.

.

그러나 보라.

작년 코로나 사태가 채 진정이 되기도 전에 정부와 여당, 시민단체는 의료의 공공성을 확보한다며 허울 좋은 이유를 내세웠지만 실상은 자신들의 못난 새끼들을 의사로 만들기 위한 공공의대 설립을 밀어붙였으며 의료의 질 저하를 우려하여 이에 반대하는 전공의들과 의대생들을 겁박하여 관철시켰고
'덕분에'라는 입에 발린 공치사 캠페인을 하면서
실체도 없는 K-방역을 홍보하기 위해 2천억 원을 쓰면서도
백 억 남짓의 코로나 의료진 수당은 돈이 없다며 주지 않았고

올해 들어
코로나 백신이 뒤늦게 확보되어 접종을 시작한 지 얼마 지나지 않아 다시 수술실 CCTV를 공론화시키며 모든 의사를 잠재적 범죄자로 몰아 의사들에 부정적인 여론 형성을 꾀하고 있다.

.

.

.

항상 그래왔다.
필요하고 급할 때는 의사들을 찾고 그들에게 의지하며 일방적인 희생만을

강요하다가 어느 정도 진정이 되면 이내 등 뒤에서 칼을 꽂는다.

코로나 사태에 자신의 온 몸을 갈아 넣어 막아내는 의사들에게
그들의 숙원인, 원가의 70%밖에 되지 않는 수가 현실화는커녕
혹시라도 의사에 대한 국민들의 여론이 우호적으로 돌아설까 두려워하여
다시 국민과 의사들 사이에서 이간질을 한다.
그나마 깨어 있는 몇몇의 국민은
이러한 불합리함에 의사들을 동정하지만
그것도 잠시 잠깐...
이내 잊어버리고는 무관심해진다.

이제 남겨진 것은 만신창이가 된 의사들과
그 앞에서 날카로운 이빨을 드러내고 있는 위선자들뿐이다.

수도 없이 겪어온 부당함이었고 매번 당하고 짓밟혀왔지만 그럼에도 불구
하고 이러한 위기 상황에서 의사들은 다시 또 몸을 던질 것이다.

.

.

.

긴 글을 쓰면서 어떻게 끝을 맺어야 할지 고민했다.
하고 싶은 말은 끝이 없이 이어지지만 공허한 메아리로 돌아올 뿐 결국 다
시 원점으로 돌아가는 현실을 보며 의사라는 원죄를 가진 동료 선생님들

께 할 수 있는 말이라고는 이것 하나밖에 없다.

.

.

.

김은용 선생님,

이상호 선생님,

대구시 의사회 소속 선생님들,

자신의 안위를 돌아보지 않고 대구로 달려가신 373명 선생님,

그리고 이 땅의 모든 의사 선생님…

환자 옆에,

국민 옆에,

그리고 제 옆에…

살아주서서 감사합니다.

.

.

.

긴 얘기 읽어 주서서 감사합니다.

이번 얘기 끝.

2

I '적폐' YOU

프레임 전쟁.

평생 살면서 뭐 하나 생산해 본 적 없이 입만 살아서 남의 피나 쪽쪽 빨아

대는 기생충들이

지들이 잘못한 일들이 딱 걸렸을 때 걸핏하면 떠들어대는 말이다.

프레임에 짜 맞춰져서 매도되는 일이 얼마나 억울한 것이냐고 그 더러운

주댕이들을 털어대지만...

이거 왜 이러셔, 아마추어처럼... 니들이 프레임이 뭔지나 알아?

#1

F/57(57세 여자 환자)

Hemorrhoid(치핵) 환자.

어제.

"치질 수술하러 왔어요."

"치질이요? 증상이 어떠신데요?"

"항문에서 피가 나요."

"언제부터요?"

"오래 됐어요."

"얼마나 오래요?"

"오~~래 됐어요."

"그러니까 얼마나 오래요?"

"솔찮이 됐어요."

'에휴... 어찌 하나같이 다들...'

(우리나라 사람의 특징은 '수치(數値)'화된 개념이 없다는 것이다. 그러니 한의사를 믿지... 쯧쯧...)

"변 볼 때 변기가 빨개져요?"

"예."

"항문으로 뭐 튀어 나오는 것은 없어요?"

"있어요, 콩알만하게 뭐가 나와요."

"아프지는 않으세요?"

"아픈 것은 없어요."

"침대로 올라가서 벽 보고 옆으로 누워 보세요."

anoscopy(항문경 검사) : Grade III int. hemorrhoid(3도 치핵)

Hemorrhoid(치핵)은 심한 정도에 따라 네 가지로 나눠진다.

Grade I(1도 치핵) : 항문 안쪽으로만 있으며 배변 시에도 튀어나오지 않는다.

Grade II(2도 치핵) : 배변 시 튀어나왔다가 저절로 들어간다.

Grade III(3도 치핵) : 배변 시 튀어나왔다가 밀어 넣어야 들어간다.

Grade IV(4도 치핵) : 밀어 넣어도 들어가지 않는 치핵.

교과서적으로는 Grade II 이상일 경우, 즉 튀어나오기 시작하면 수술을 하라고 되어 있으나...

우리나라 환자들이 어디 의사 말을 듣나?

"수술하셔야 되긴 하겠네요."

"그렇죠? 오늘 좀 해주세요."

"근데 그 전에 대장 내시경을 먼저 해서 대장이나 직장 안의 문제는 없는지부터 미리 살펴봐야 해요."

"대장 내시경 했어요."

"언제요?"

"오늘요."

"예? 오늘요? 어디서요?"

"저 옆 OOO 내과에서 오늘 검진하면서 위 내시경, 대장 내시경 싹 다 했어요."

"아, 그래요? 이상이 있다고 하던가요?"

"대장은 깨끗하대요, 용종도 없고..."

"아... 그럼 출혈이 치핵에서 나는 게 100% 확실하네요."

"그죠? 치질 때문이죠?"

"수술하시면 되겠네요."

"예, 오늘 해주세요."

"오늘은 안 되구요. 가장 빠른 날이 내일이예요."

"아... 오늘 일부러 장도 비웠는데 그냥 오늘 해주세요."

"치핵 수술은 포괄수가제라는 제도로 묶여 있어서 치핵 수술과 같은 날에 다른 검사를 못하도록 되어 있어요. 환자분은 오늘 위, 대장 내시경 하셔서 오늘은 못해요."

"아, 그냥 좀 해주지..."

"나라에서 그렇게 정해놔서 그래요. 저도 장 비워져 있는 김에 오늘 하면 좋죠. 그런데 나라에서 그렇게 못하게 해요."

"뭐 그런 법이 있대..."

"그러게 말이에요. 나쁜 놈들이죠, 그죠?"

"그럼, 내일 할 수 있어요?"

"예, 내일은 돼요."

"그럼, 내일 해주세요."

"그래요, 오늘 수술 전 검사 있어요. 피검사, X-ray, 심전도 이렇게 세 가지. 약 5분 쯤 걸리는 검사니까 그것만 좀 하고 가세요."

"어? 오늘 싹 다 했는데?"

"그건 검진이라서 수술 전 검사와 항목이 약간 달라요. 게다가 다른 병원에서 하셨으니 저희 병원엔 그 자료가 없잖아요."

"병원끼리 다 연결되어 있는 거 아니에요?"

"그럼 큰일 나요. 개인정보보호법 위반이에요."

"아, 씨, 그럼 피를 또 뽑아야 하는 거야?"

"별 수 없어요. 자, 나가서서 간호사 설명 듣고 검사 좀 하세요."

일어나 나가는가 싶더니 다시 앉으며 물어본다.

"그런데 수술비가 얼마예요?"

(난 의사에게 치료비 물어보는 환자가 제일 싫다. 왠지 내가 가치 없어지는 기분이다. 썹선비란 바로 나를 일컬음인가보다...)

"수술 방법에 따라 약간 다르기는 한데, 전부 통틀어서 40~45만 원 정도 나올 거예요."

"예에? 뭐 그렇게 비싸요?"

"……"

불신 가득한 얼굴로 나간다.

잠시 후 간호사가 진료실로 들어왔다.

"원장님, 환자분 아는 분이 딴 데서는 13만 원에 치질 수술했다는데 여긴
왜 이렇게 비싸냐고 물으시는데요…"

'뭐? 얼마? 13만 원? 나… 참…'

"그럼 그 병원 찾아 가시라고 하세요."

기분이 나빴다. 이런 환자들은 그냥 보내자는 게 내 지론이다.

한참 동안을 여기저기 전화해보는 것 같았다.

이윽고…

"원장님, 그냥 여기서 하시겠대요."

'지랄… 13만 원 같은 소리하고 자빠졌네…'

"예, 알았어요."

환자는 수술 전 검사를 하고 갔다.

오늘.

척추 마취를 하러 수술방으로 들어가서 환자에게 position(자세)을 설명하고 시작하는데 간호사가 말한다.

"원장님, 이 환자분 3월부터 한 달 간 유럽 여행 가시는데 지금 수술하는 게 문제 없겠냐고 물어보시는데요..."
"하~~~아~~~"

맥이 탁 풀린다.

"한 달 동안 유럽 여행 가시는 분이 치질 수술 45만 원이 비싸다고 하셨던 거예요?"

spinal needle(척추마취용 바늘)을 찔러 넣으면서 물었다.

"헤헤..."

멋적게 웃는다.
"유럽 여행 가느라 돈이 많이 들어서 다른 데서 좀 아껴야 해서..."

"......"

"죄송해요."

모기 소리만하게 중얼거린다.

"누가 치질 수술을 13만 원에 했다고 하던가요?"

"우리 매장 직원이 어디서 했는데 그랬다 길래..."

남대문에서 수입 상품 전문 매장을 하는 환자였다.

"어디서요?"

"그건 잘 모르겠고..."

"치질 수술은 맞아요?"

"그렇다던데..."

"그럴 리가 없어요. 수술 가격은 나라에서 정해놓은 거라서 의사 맘대로 받을 수 없는 거예요. 뭘 잘못 알고 계신 거예요."

"우리 직원이 그랬다길래...

우린 잘 모르니까..."

빠직...

'그럼 그렇지... 그 말 왜 안 나오나 했다.'

"유럽 여행은 어디로 가세요?"

"영국에서 시작해서 스페인, 프랑스, 이탈리아, 스위스, 오스트리아..."

여행 얘기하니까 신이 났다.

"좋으시겠어요. 한 달 동안이나 여행을 가시니... 여행 자주 다니시나 봐요?"

"아니예요, 유럽은 자주는 못가고 일 년에 한두 번 정도..."

'헐... 유럽을 일 년에 한두 번...'

"좋으시겠어요. 전 한 번도 못 가봤는데... 유럽..."

"에이... 거짓말... 의사 선생님이 무슨..."

"참...나... 의사면 유럽 여행 막 다니고 그런 줄 아세요?"

"돈 많이 버시잖아요."

"헐... 의사가 돈을 많이 벌어요?"

"그럼요... 하긴... 시간이 없어서 선생님은 여행은 힘드시겠다. 의사는 그 마누라와 애들만 좋다고 하잖아요. 의사는 돈 버느라 힘들고 마누라와 애들만 그 번 돈으로 놀러 다니고..."

"참... 나... 저 지난 9월부터 시작해서 4개월 동안 집에 한 푼도 못 가져다 줬는데 무슨..."

"에이... 거짓말..."

"......"

말 해봤자 뭘 하랴? 이미 프레임은 씌워져 있고 뭐라고 말한들 믿지도 들지도 않을 테니...
짜증이 확 밀려왔다. spinal needle(척추마취용 바늘)을 끝까지 확 밀어 넣어버리고 싶은 충동이 밀려온다.

"아... 약올라... 확 아프게 주사 놓을까보다..."

가벼운 농담으로 분을 삭여본다.
수술은 잘 끝났고 환자는 오늘 아침에 퇴원했다. 환자복을 갈아입고 접수데스크로 나온 환자.

"좀 싸게 안 해줘요?"
"예?"

간호사가 허탈하게 웃으며 되묻는다.

"아니, 좀 싸게 해줄 수 있나 해서..."

멋적게 웃더니
"아이, 그냥 됐어요. 얼마라구요?"
수납을 하고 갔다.

뭔지 알지...

혹시나 하고 한번 찔러 봤다가 이빨이 들어가나 싶으면 밀어 붙이고 반발하면 이내 찌그러지는...

어쩌면 저기 저 윗대가리의 찌질한 짓거리는 이미 모든 국민의 마음 저변에 깔려 있는 비겁한 요행수일 뿐 그리 놀라거나 비난할 일이 아닐지도 모른다. 그저 그런 저열한 필부를 몰라보고 뽑아준 멍청한 개, 돼지가 문제일 뿐인 거지...

근데 이런 의사에 대한 말도 안 되는 프레임이 이번만 있는 게 아니고 거의 항상, 거의 매일, 심지어 가족이라는 사람들까지도 이 프레임을 즐겨 사용하니...

아마도 의사들에게는 원죄가 있는 게 확실한가 보다.

Eli, Eli, lama sabachthani... (주여, 왜 나를 버리시나이까...)

#2

근데 이것은 최근 들어 형성된 프레임도 아니다.

내가 레지던트 4년차,

여의도성모병원에 근무할 때의 일이다.

30대 중, 후반 정도의 남자 환자. 무슨 항공사 기장이라고 했다. (그렇게 젊어도 기장이 되나?)

무슨 병으로 수술을 받았는지는 지금은 기억나지 않지만 아무튼 뭐 큰 병은 아니었다. Chief resident(수석 레지던트)라서 오후 회진은 교수님 없이 내 밑의 쫄따구들 데리고 갔는데...

"어떠세요? 괜찮으세요?"

"예, 이젠 많이 좋아졌습니다."

"그럼 내일 퇴원 하세요."

"벌써요?"

"아픈 거 없으시고, 식사 잘 하시고, 변 잘 보시고... 그럼 외과적으로 문제 없으신 거니 이제 퇴원하셔도 됩니다. 외과에서는 밥 잘 먹고 똥 잘 싸면 병이 없는 것이거든요..."

"좀 더 있으면 안 될까요? 회사에도 4주 동안 병가를 내 놨는데..."

"우와... 무슨 회사길래 4주나 병가를 줘요?"

"항공사요..."

"아... 그럼 파일럿이세요?"

"예, 기장입니다."

멋쩍게 웃는다. 옆에 서 있는 꽤나 미모가 출중한 여자는 부인인 것 같았다.

"와... 부럽네요. 세계 여러 나라도 다 다니고 돈도 많이 버실 테니..."

"에이, 뭘요. 돈이야 선생님이 훨씬 더 많이 버시죠."

"예? 제가요?"

"그럼요, 억대 연봉이실 텐데..."

"……"

당시 CMC(가톨릭 중앙의료원) 외과 레지던트는 연차별로 다르기는 하지만 '월급+당직 수당(거의 풀당직)+보너스(10개월)+외과 수당'을 모두 합쳐서 나 같은 4년차의 경우 월 실 수령액이 최대 330만 원 정도였다.

외과 수당이 뭐냐구? 외과, 흉부외과, 산부인과, 마취과는 기피 과여서 레지던트가 지원을 안 해서 힘드니 불쌍하다고 월 20만 원씩 더 주는 게 있었다. 하해와 같은 은혜였던 거지... 젠장...

"제가 억대 연봉이요?
저 최대로 많이 받을 때가 300만 원 조금 넘는데요..."
"에이... 거짓말...
무슨 의사 선생님이 300..."

실실 웃으며 쳐다본다. 뻥치지 말라 이거지...
"……"

더 말한들 뭐하랴. 왠지 모를 열등감을 가지고 병실을 나왔다.

#3

모든 지방자치단체에 다 하나씩은 있는 게 그 지역 케이블방송사인데 내가 사는 은평구에도 '은평방송'이라는 게 있다.

TV 채널을 돌리다보면 그냥 패스하고 넘어가게 마련인 이 지역 방송은 그 채널 번호가 뭐였는지도 잘 모를 지경이다.

어젯밤.

지난 주말 사다놓은 파리크라상 바케트에 마늘 페스토를 발라서 프라이팬에 구운 다음 작은 교자상에 담아 TV 앞에 앉았다.

(우리집은 대개 저녁식사가 이런 식이다. 간단하게... 약식으로... 아침? 안 먹는다. 점심? 굶는다. 다이어트!! 다이어트!!...)

이마트에서 구매한 인도풍 커리소스에 빵을 찍어먹으며 TV 채널을 돌리는데 은평방송에서 '목동엄마 따라잡기'라는 프로가 나온다.

소제목이 '지방 의대 Vs 서울대'...

목동 사는 고딩 학부모 세 명과 입시전문가 한 명, 사회자. 각자의 경험담과 성공/실패 사례, 썰을 풀어댄다. 교육 수준이 매우 현저하게 떨어지는 은평구 주민은 이런 목동 엄마들의 썰을 들어야 할 필요가 있다. 채널 고정.

결국 의대를 보내기 위해서는 어떻게 해야 하느냐는 얘기던데...

사회자가 물었다.

"왜 그렇게 어머님들은 자녀를 의대에 보내려고 하세요?"

"고수입, 전문직인 데다가 안정적이잖아요."
"그럼 의사의 수입이 얼마나 되는지 알아보도록 하겠습니다."

하더니만 준비된 판넬을 보여준다.
국내 굴지의 S대학병원 전공의와 전문의.
국내 굴지의 S그룹 초임과 과장급의 연봉 비교...
전공의의 초임은 4,500여만 원 정도. 전문의와 과장급은 1억여 원 정도.
별 차이가 없다.

"별 차이가 없는데요?"

사회자가 말하자 이내 한 목동 엄마가 받아친다.

"아, 저거는 대학병원이라서 그래요. 개원했을 때의 수입과는 비교가 안
되죠."

'헐...'
바게트 빵 맛이 떨어지기 시작한다.

"단지 수입만으로 자녀들의 장래 직업을 결정하는 것이 옳은 일일까요?"

사회자가 다시 묻자 다른 목동 엄마가 말한다.

"물론 그렇지는 않아요. 특히나 의사는 돈은 잘 벌지만 정작 자기 자신은 그 돈을 쓸 시간이 없어서 의사는 와이프와 애들만 좋잖아요. 와이프와 애들은 돈을 신나게 쓰고 다니잖아요. 그래서 저는 제 딸을 의사 시키기보다는 의사 사위를 얻고 싶어요, 호호호…"

'헐…?'
'무슨… 말도 안 되는…'

생각하고 있는데 갑자기…

"저런 미친년이 터진 주댕이라고 말 함부로 하고 자빠졌네. 무슨 돈을 엄청 벌어…?"
옆에서 같이 빵을 씹던 와이프가 소리쳤다.

"무슨 개뿔 돈을 신나게 쓰고 다녀?"
"……"
"지금 몇 개월 째 돈 한 푼 못 받았는데 억대 연봉은 무슨…"
"……"
"의사 사위? 지랄하네…"
"……"

커리가 쓰다. 습기를 한껏 머금은 바게트는 고무신을 씹는 듯이 질기다.

"여보, 미안해…"

내가 할 말이 뭐가 있겠나? 그저 미안하다는 말밖에…

"에이… 보지마, 보지마, 채널 돌려…"

TV 채널을 돌렸다. tvN에서 드라마 '남자친구' 재방송을 한다.

"달달한 거 보면서 기분 풀자."

송혜교는 이쁘더라… 박보검은 잘생겼더라…

#4

내가 공보의 때 같은 지역에 근무했던 의사들의 모임이 있다.
연차별로 내 앞뒤로 1년 정도의 선후배들이 모이는 모임인데 이 모임에 내가 공보의 3년차 때부터 나갔었다. 대개 1차로 저녁을 먹고 2차로 PC방에 가서 starcraft(스타크래프트)를 팀플로 하고는 3차로 맥주 한 잔 더 하고 헤어지는 매우 건전한 코스.
각각 계산을 할 때마다 그 자리에서 회비를 추렴한다.

"야, 개원의는 10만 원, 페이는 5만 원, 공보의는 내지말고…"

개원해 있던 1년 선배 형이 대개 추렴의 룰을 정했다. 다들 별 군소리도 없었다.

'아... 개원가가 좀 형편이 나은가 보다...'

정도로만 생각했었다.

공보의를 마친 지 10년도 더 지난 지금. 물론 지금까지 공보의인 사람은 없지만 개원의든 페이든 내는 돈은 똑같아졌다. 나도 개원을 하기 전까지는 잘 몰랐다. 개원을 한 선배들이 왜 그리도 개원을 말리는지.

'칫, 지는 잘 벌면서 왜 나보고는 못하게 해?'

X도 모르는 게 멍청했던 거지...
페이와 개원의 가장 큰 차이점이 뭘까?
여러 다른 의견이 있겠지만 내 생각은 '불확실성'이다.
이번 달에 매출이 어느 정도나 될지, 그래서 월급, 임대료, 공과금, 대출상환금, 업체 결제 대금 등을 제대로 줄 수 있을지, 또 다음 달엔 어떻게 될지...
무슨 장기적 계획은커녕 당장 눈앞의 문제를 해결할 수 있을지를 매달 걱정해야 하는 신세.
그나마 시즌이라는 겨울부터 이른 봄 사이에 멀찌감치 달아나 있지 못하면 날이 더워지기 시작할 때 나타난 jaundice(황달)는 감이 노랗게 익어갈 무렵에는 절정에 이른다. 뭐 누구한테 얘기하거나 하소연할 수 있는 것도 아니다. 뭐, 그런들 해결책이 있겠느냐 말이다.

상황이 좋거나 나쁘거나 가족이 모여야 할 때는 항상 돌아온다.

자기 힘으로 돈을 벌어본 것이라고는 대학 때 과외도 한번 해 본 적 없는 '늘공'인 내 친형.

"요즘 병원은 좀 어떠냐?"
"별로 안 좋아요."
"에이, 어디다 말 안 할게. 사실대로 얘기해봐…"

'참…나…'
"뭘 어디다 얘기하시든 안 하시든 별로 안 좋은 거는 마찬가지예요."
"에이… 나 좀 달라고 안 할게. 사실대로 얘기해봐…"

'이런 썅…'

차라리 입을 닫아버리는 게 낫다.

닭질을 하든 땡땡이를 치든 어차피 월급은 따박따박 나오는 공무원이 무슨 수로 자영업자를 이해하겠나? 예전에 내가 페이를 할 때 미국으로 1년

반 동안 연수를 가게 된 형이 나한테 물어보더군...

"병원에서 미국 연수 보내주는 것 없니?"

"형님, 저는 대학병원이 아니라 그냥 2차급 종합병원의 페이닥터예요."

"알지, 그러니까 니네 병원에서는 안식년 같은 거 없냐고?"

"페이닥터한테 무슨 안식년 같은 게 있어요?"

"자네는 그 병원에서 꽤 오랫동안 근무했잖아. 그렇게 오래 근무했는데 1년 정도 해외 연수 같은 거 안 해주나?"

"……"

지금 생각해보면 자기 자랑을 에둘러 한 것이었는데 미처 알아차리지 못했던 것이었다.

그때는 아직 그런 용어가 없던 때였다. 요즘은 많이들 쓰더만... '씹선비.'

내 피붙이, 가족마저 이 지경이니 남들은 오죽하랴...

사람이 먼저인 좋은 세상이 와서인지 너도나도 자기들이 바라는 것을 하나도 감추지 않고 적나라하게 드러내 요구하는 세상이 되었다.

평균 연봉 9천이 넘는 직장에 다니면서도 최저 시급에 못 미치니 돈을 더 내놓으라는 사람들.

내가 손님을 골라 태우든 말든 네가 상관할 바는 아니라면서도 공유 어플 차량은 반대하며 내가 어디 가서 낮잠을 자더라도 완전 월급제를 하자는 사람들.

당시 다른 지역의 초등학생 나이였지만 민주화운동했으니 유공자 대우로 수 억 원씩 받아야겠다는 사람들.

조금 지나고 나면 어차피 잠잠해질 테니 지금 현직에 있을 때 세금으로 외국 나가서 실컷 놀아보자는 사람들.

목숨이 왔다 갔다 하는 환자는 능력 안 돼서 못 보지만 아는 것 X도 없지만 하여튼 뭐 돈이 되는 물리치료 환자는 나도 좀 보자는 사람들.

그들의 주장이나 변명을 듣고 있는 내가 다 얼굴이 화끈거릴 정도로 뻔뻔하기가 이루 말할 수 없는 파렴치한들이 대놓고 도적질을 하는 세상이 되었어도…

미천한 처우에 대해, 부당한 삭감에 대해, 억울한 죽음에 대해, 막연한 증오에 대해, 치졸한 강압에 대해 의사는 아무 말도, 주장도 하지 못한다.

당연한 권리와 가치에 대한 인정과 그에 걸맞는 처우를 당당히 요구해도 하나 거리낄 것 없는 사람들이지만…

그저 '선' 한 사람이어야 한다는 누구도 알아주지 않는 의사 자신들만의 썹선비 기질과 그저 '돈을 많이 벌 것이다'라는 상상만으로 의사에 대해 이가 갈리는 증오를 품고 사는 무식한 대중에 의해…

우리는 아니, 나와 당신은 '적폐'일일 뿐이다.

지난 2000년에 우리는 배려했었으나 소용없었고, 주장하였으나 거절당했고, 힘을 모았으나 이간질당했고, 떨쳐 나왔으나 좌절했었다.

그 이후 패배감에 둘러싸여 연명을 하고 있을 뿐 조용히 입 다물고 있는다고 해서, 그래도 환자를 버리고 나갈 수는 없지 않느냐고 의사로서의 사명감을 지키려 한다고 해서, 저들이 우리에게 일말의 동점심을 가지거나 우리의 목소리를 조금이라도 들을 마음의 준비라도 되는 것이 아니다.

이래도 적폐 저래도 적폐.

아무리 몸부림 쳐도 벗어나지 못하는 프레임 속에서 언제까지 썹선비로만 살아갈 것인가?

난 외과 의사다.

내 앞에서 사명감 어쩌구 하는 개 같은 소리 집어치워라. 그 잘난 사명감에 충만했던 의사를 니네들이 이 꼴로 만들었어.

환자? 쥐새끼 주제에 고양이 생각해주고 자빠졌네...

3

거기도 다 사람 사는 데야

예전 포스팅에서 잠깐 언급한 적이 있었지만
CMC는 병원이 전국에 전국 여덟 곳에 있어서 레지던트는 병원을 로테이션해가면서 트레이닝을 받는다.

내가 1년차일 때 수원 성빈센트병원에서 근무하다가 그 이름도 악명 높은 강남성모병원으로 가게 되었을 때, 땅이 꺼져라 한숨을 쉬는 나에게 바로 윗년차 선배가 했던 말.

"너무 걱정하지 마... 거기도 다 사람 사는 데야..."

과연...
사람이 살긴 하더만... 죽지 못해서...

지나와서 생각하면 그땐 그랬지 하며 웃고 넘어갈 시기였으나 정말 그땐 너무 힘들었다.

그러나 의사로서의 생활이 어디 힘든 일만 있겠는가? 때론 웃기는 일들도 많다.

#1

1년차 초반.

도대체가 이렇게 아무것도 모르는데 환자를 봐도 되는 것인지에 대한 회의가 들던 시기.

그저 열심히 최선을 다하는 수밖에...

응급실에서 걸려온 콜.

응급실에 가서 간호사로부터 차트를 받는데 별 말도 안하고 고개만 절레절레 흔든다.

환자를 보러 가는데도 따라오지 않는다. 원래 친한 간호사여서 표정만 봐도 알 수 있었다.

'아, 별 환자는 아니구나...'

90대 초반의 할머니.

깡마른 모습으로 등허리도 휘어 있어 옆으로밖에 눕지 못했다.

옆에는 역시 할아버지 보호자. 아들이랜다...

"어머니가 자꾸 변을 지려서서..."
"예? 그런데 왜 응급실로 오셨어요?"
"외래로 가면 진료가 많이 밀려 있다고 예약 날짜를 저~만치 뒤쪽으로 잡아 주더라구요.
그리고 어머니가 거동이 불편하신데 외래에는 누워 있을 곳도 없구요. 그래서..."
"에이... 그래도 응급실은 응급 환자들이 와야 하는 곳인데 변실금으로 응급실은 좀 그렇네요."
"예, 죄송합니다."

아들도 70은 족히 되어 보였다.
그 역시 노인네였지만 젊고 새파란 의사에게 공손히 예의를 갖춰주는 것이 고마웠다.

"그래도 어차피 오신 거니까 제가 잘 봐드릴게요."
"감사합니다. 감사합니다."

그래도 나름 대학병원의 의사 아니냐... 환자와 보호자는 내가 신으로 보일 것이다.
신(?)과 같은 인자한 표정으로 할머니를 불렀다.

"할머니, 어디가 불편하세요?"

"……"

"할머니, 어디가 불편하시냐구요…?"

"……"

대답이 없다.

"어머니가 귀도 잘 안 들리시고 약간 치매세요…"

아들이 옆에서 소곤거렸다.

"아…"

그렇다고 포기를 하면은 대장부가 아~니~지~

"할머니이~~!! 어. 디. 가. 불. 편. 하. 세. 요오!!!"

"어엉?"

"어. 디. 가. 불. 편. 하. 시. 냐. 구. 요오!!"

"어엉?"

"어. 디. 가. 아. 파. 요오. !!"

"몰라, 아유, 난 몰라…"

"어머니!! 아픈 데를 말씀하세요!!"

아들까지 껴들어서 말해도 할머니는 모른다고만...

"할머니랑 같이 사시나요?"
"아뇨, 요양원에 계시는데 요양원에서 어머니가 변을 지리신다고 병원에 가보라고 해서요..."

'이 정도 연세면 안 지리는 게 이상한 거 아냐?'

어쨌든 무엇이든 해 봐야지...
보호자들은 지금 신과 함께 있는 것이 아닌가 말이다.

"할.머.니. 이~!! 항.문.검.사. 좀. 해.볼.게.요오!!"

무릇 surgeon(외과 의사)이 rectal exam(직장수지검사)을 하지 않는 경우는 index finger(검지손가락)가 없는 경우일 뿐이라고 스승님들께서 항상 말씀하셨지 않는가...?

"간호사, 여기 글러브랑 젤리 좀..."

글러브를 끼고는 할머니의 치마를 올리고 차고 있던 기저귀를 내리려는데...

"에구, 에구, 에구..."

할머니가 그 작은 몸을 뒤척이며 반항한다.
"아, 할머니 움직이시면 안돼요!!"

"아, 어머니가 워낙 깔끔하신 분이라서 아마 부끄러워서 그러실 거예요."

아들이 가르쳐준다.
홋... 할머니 귀엽네...

"괜.찮.아.요, 할.머.니... 잠.깐. 검.사. 좀. 할.게.요!!"
"에구, 에구, 왜 이랴... 에구, 오메..."

몸을 뒤척이지만 치매가 있다니 그러려니...
역시나... rectal exam상 sphincter tone(괄약근 압력)이 거의 없다.
rectum(직장)에 변은 없었다.

"에구... 이러니 변이 새지... 쯧쯧..."

보호자 들으라고 중얼거렸다.

"많이 안 좋나요?"
"괄약근 압력이 거의 없다시피 하시네요. 변도 이미 다 지리신 건지 직장에 남아 있지도 않아요. 이 정도로 괄약근 압력이 낮으니 변실금이 생기는 것도 무리가 아니죠..."
약간은 찌푸린 듯한, 그러나 원인을 알겠다는 듯한 명의의 표정으로 보호
자에게 말하는데...

"에구..."

왼쪽으로 구부려 누워 있던 할머니가 힘겹게 돌아누우며 내 가운 소매를
잡아당긴다.

"예, 예, 왜요, 왜, 할머니이~?"

상체를 수그려 할머니 얼굴로 귀를 갖다 댔다.
어렵게 모기 소리만하게 하는 말...

"거그가 아녀... 거그말고 뒤쪽이여, 뒤..."

손가락을 엉뚱한 곳에 넣었던 거지...

#2

의사 면허를 딴 지 만 22년째이고 외과 전문의가 된지 만 17년이 지났지만
환자를 보다보면

'도대체 뭐지?'
라는 생각이 들 때가 너무 많다.

페이닥터 시절.
20대 여자 환자. 외래로 들어오는데 찡그린 얼굴, 똑바로 펴지 못하는 구부정한 허리, 배를 움켜쥔 손. 일견 보기에도 배가 많이 아파 보였다. 침대에 제대로 똑바로 눕지도 못한다.

Physical Exam(이학적 검사) 상 whole abdomen(배 전체)에서 Board-like rigidity(복부 강직), tenderness(압통), rebound tenderness(반발통), muscle guarding(근육 강직) 소견.
열은 없지만 배를 만질 때마다 아파한다.
외래에서 볼만한 환자가 아니다.

"어휴… 이렇게 아프신데 왜 외래로 오셨어요… 얼른 응급실로 내려가세요."
"많이 안 좋은가요?"

같이 온 엄마가 걱정에 찬 눈빛으로 물어본다.

"아직은 정확하지 않고 CT를 찍어봐야 알겠지만 지금으로 봐서는 복막염 가능성이 있어요. 이학적 소견으로는 수술이 필요한 배(Surgical abdomen)입니다."

복통의 원인은 매우 다양하다.

단순 배탈, 설사부터 시작해서 AAA(Abdominal Aortic Aneurysm : 복부대동맥류)같은 초
응급의 수술을 필요로 하는 질환까지 복통을 일으킬 수 있는 원인 질환은 너무도 다양하여
대개의 경우 외과가 아닌 의사들은 복통 환자를 무서워하는 경우가 많다.

급히 응급실로 내려 보내고 응급실에 전화를 했다.

"지금 환자 내려갈 건데 surgical abdomen이니까 18 gauge needle(18
게이지 바늘: 주로 수술이 필요한 환자에게 사용하는 굵은 바늘이다.)로
line(수액 라인) 잡고 Hartman 1L(주로 수술 시 쓰는 수액의 일종) 달고 얼
른 CT 찍으세요."

성질이 워낙 급하다 보니 진득하게 참고 기다리지 못하는 내 성격상의 문
제도 있지만
외과 의사의 특성상 응급 수술을 요하는 critical(치명적인)한 환자가 많다
보니 자연히 더 성질이 급해진다.

응급실로 환자를 보낸 지 아직 채 5분도 안되었지만 CT 결과를 확인하기
위한 마우스클릭은 180rpm(분당 180회)에 육박한다.
띠리리리리 띠리리리리...

"CT 왜 안 찍어? CT?"

"아유, 과장님, 환자 이제 막 내려왔어요."

"응, 얼른 찍어, 얼른…"

띠리리리리 띠리리리리…

"CT 찍으러 갔어?"

"아유, 과장님. 이제 겨우 라인 잡고 조영제 skin test(피부반응검사)하고 있어요."

"아, 빨리 좀 찍으라고 빨리 좀…"

"알았어요, 바로 할 거예요."

띠리리리리 띠리리리리…

"아, 왜 CT 안 찍어? 이 환자 수술해야 하는 환자란 말이야… 빨리 CT를 찍어야 진단을 하고 응급 수술을 할 거 아냐!! 뭘 하길래 이렇게 늦엇!!"

"과장님, 저희도 노는 거 아니잖아요… 금방 할게요, 금방… 조금만 참고 기다리세요…"

"빨리 빨리 찍으란 말얏!! 에잇, 진짜…"

벌떡증이 나서 죽을 것 같다.

도대체가 의료인이라는 사람들이 환자를 생각하는 마음이 있기는 하느냔 말이다. 환자가 얼마나 아파하는데, 환자의 마음을 조금이라도 헤아리는 사람들이라면 이렇게 일처리를 늦게 할 수가 있느냐 말이다.

도저히 참을 수가 없었다. 응급실로 내려갔다.

"에잇, 진짜... 도대체 뭘 하길래 surgical abdomen 환자 처치가 이렇게 늦엇!!"

응급실로 들어가며 소리를 질렀다. (목소리나 좀 커...?)

간호사들이 안절부절 못한다.

"환자 어딨엇!!"

"이제 막 가셨어요...CT..."

"에잇, 빨리 빨리 해야 할 거 아냐... 환자가 저렇게 아픈데... 응급 수술 하려면 준비해야 할 게 많은데 도대체 언제 하라고 이렇게 늦엇!!"

"죄송해요... 빨리 준비할게요..."

"에잇!!!"

한번 난장판을 피우고 외래로 다시 올라왔다.

CT는 찍고 있는 중일 거다. 그러나 마우스는 광클릭...

따라라라라라라라라라라라라라라....

좀처럼 화면이 올라오지 않는다.

"에잇, 컴퓨터가 느려 빠져가지고... 에잇 썅..."

외래 간호사도 안절부절...

이윽고...

CT화면이 올라오기 시작한다. PACS system(영상전산시스템)을 쓰시는 분들은 다 아시겠지만 이게 또 그 병원의 컴퓨터, 서버의 상황에 따라 속도가 느려지기도 한다.

그러나 그래봤자 몇 초 차이다. 그런데도 참지를 못한다.

"에잇, 젠장... 내년이나 되어야 다 뜨겠네, 젠장할... 돈 좀 벌었으면 서버 좀 갈든지 해야지, 뭔 병원이 투자를 안 해, 투자를..."

온통 모든 게 다 불만인 거지...

한참동안 스크롤을 해가며 CT를 꼼꼼히 봤다.

나는 복부 CT 판독에 있어서는 영상의학과 의사 어느 누구에게도 뒤지지 않는다는 자부심이 있다.

(그냥 내 생각이 그렇다구요, 내 생각이... 그러려니... 하고 욕하지 마세요...)

"음..."

응급실로 향했다.

아직도 환자는 같은 포즈로 누워 있다.

"결과가 어떻게 나왔어요? 선생님?"

환자의 엄마가 걱정이 가득해서 물어본다. 엄마와 눈도 맞추지 않고 환자
에게 물었다.

"환자분…"

"예?"

"마지막으로 변 본 게 언제예요?"

"……"

"오래됐죠?"

"… 예…"

"얼마나 오래 됐어요?"

"…한 2주 쯤… 3준가…?"

"……"

환자와 보호자를 뒤로 하고 응급실 스테이션에서 order(처치 명령)를
냈다.

Glycerine enema(글리세린 관장) 50cc…

나를 보던 응급실 간호사들의 표정… 잊을 수가 없다.

잽싸게 진료실로 올라왔다.

30분쯤 지났을까…

띠리리리리리리… 띠리리리리리리…

싸늘하다 못해 등골이 오싹한 목소리…

"과장님, 환자분 좋아지셨다고 집에 가신대요."

"아… 예… 예…"

"discharge order(퇴원 오더) 내주세요."

"예, 예…"

응급실로 내려갔는데 목소리보다 더 싸늘한 눈빛… 얼굴을 들어 처다볼
수가 없다.

대가리를 처박고 스테이션에 앉아서 order를 내는데 환자와 보호자가 세
상 편한 표정으로 내 앞으로 온다.

"선생님, 이제 하나도 안 아파요."

"…예…('아는 척 하지 말고 그냥 쫌 짜져 있으라고 쫌…')"

"선생님, 이제 저 그냥 가도 되죠?"

환자가 물어보는데…

"아뇨, 좀 계세요. 퇴원약 타가셔야 돼요."
시베리아 얼음장 같은 목소리로 charge nurse(책임간호사)가 말한다.
찔끔...
간호사에게는 아무 소리 못하고 환자에게 물었다.

"변은 시원하게 많이 봤어요?"
"예..."

얼굴이 붉어진 환자가 대답을 하려는데...

"변기 막혀서 시설과 불렀대요. 원무과에서..."

다시 간호사의 냉랭한 목소리. 추워죽겠더라...

"환자분, 앞으로는 변을 사흘 넘게 못 보면 평소에 변비약을 좀 드세요..."
"...예..."

환자와 보호자가 처방전을 들고 응급실에서 나갔다.
응급실 간호사들 사이에 나만 남겨졌다...

"저..."
"네."

"음…"

"네."

"……"

"말씀하세요."

싸늘한 시선, 까칠한 어투. 모골이 송연하다…

"저…"

"네."

한동안의 정적 후에…

"…피…자 먹을래…요…?"

다음날 올라온 CT 판독 소견.

whole colon fecal impaction and severe dilatation of colon.

(전체 대장에 걸쳐 대변으로 꽉 차 있고 대장이 심하게 확장되어 있음.)

#3

사람이 사는 곳에서는 무슨 일들이 일어나는가?

우리가 흔히들 집에서 하는 일들이 마찬가지로 그곳에서도 일어난다.

그리 다를 게 없는 곳이다.

아주 마아아아아아않은 일이 일어나지...

역시 페이닥터 때의 일이다.

20대 후반의 남자. acute appendicitis(급성 충수돌기염:맹장염)로 수술.

수술 소견 상에서도 simple appe(단순 충수돌기염)...

매번 그러하듯이 laparoscopic appendectomy(복강경하 충수돌기 절제술) 시행.

🅙

사실 appendicitis는 충수돌기가 터져서 농양을 형성한다든지 복막염을 일으켜서 장기간의 항생제 치료가 필요한 경우가 아니라면 수술 후 다음날이면 증상이 매우 호전된다.

의학에 대해 전문 지식이 없어 잘 모르는 환자나 보호자들이야 수술 후 gas out(방귀)이 되어야 음식을 먹을 수 있는 것이라고 생각하지만, 이런 일반 상식(?)은 호랑이가 250원 주고 거북선 피울 때의 얘기지 복강경 수술이 발달하여 보편화된 요즘에는 gas out 여부에 상관없이 식사를 시작해도 되는 경우도 많고 항생제 등 약물의 발전에 따라 굳이 입원해 있어야 할 이유도 없다.

그래서 개원해서까지 아직도 laparoscopic appendectomy를 하는 나 같은 경우 수술 후 다음날이면 퇴원시킨다.

그러나 DRG(포괄수가제)의 비용 대비 효과 면에서는 수술 후 3일째 퇴원하는 것이 병원 경영에 가장 도움이 된다. 그래서 당연, 페이닥터 시절에는 수술일로부터 퇴원일까지 3박4일을 입원시켰다. (페이닥터의 제 1수칙은 돈을 벌어주는 것이다. 아무리 고매한 다른 이유를 대봐라... 바로 잘릴 테니...)

'뒤돌아보지 않는 수술'

수술에 있어서의 내 원칙이자 자존심. 일단 수술 실력에는 자부심이 있다. 거의 대부분의 경우에서 수술 이후에 문제가 없이 환자는 잘 낫기 때문에 그저 routine대로의 형식적인 회진과 처치가 행해진다.
퇴원 일자도 마찬가지다. 특별한 이유가 없으면 POD#3(Post-Operative Date:수술 후 3일째)에 환자는 퇴원한다.

수술 당일 오후 회진에서 환자는 이미 쌩쌩하다.

"좀 어떠세요?"
"괜찮아요."
"많이 아프지 않아요?"
"전혀요."
"잘 됐네요."

가볍게 웃고 나오려는데 옆에 있던 젊은 여자가 묻는다.

"언제 퇴원하나요?"

"...음... 환자분과 어떻게 되시죠?"

수술 전 동의서를 받을 때 못 봤던 보호자. 본인의 정체(?)를 미리 밝히지 않는 사람들에게 환자의 상태를 알려줄 수는 없(지는 않지만...)는 일. 환자와의 관계를 물어봤다.

"아, 여자친구예요."

환자가 나서서 말한다.

"별 일이 없으면 수술일로부터 사흘 후에 퇴원합니다. 총 3박4일이에요."
"아프지 않은데 더 빨리 퇴원은 안 되나요?"
"항생제를 써야 해서 그건 안돼요. 적어도 사흘 간은 써야 하거든요."
"예... 하나도 안 아파하고 너무 멀쩡해서 수술을 한 게 맞나 싶을 정도라서 퇴원을 좀 더 빨리 할 수 있나 해서요..."
"대개 다 그러세요. 그래도 퇴원은 사흘 후에 하실 겁니다."
"예."

수술하는 surgeon으로서 수술 후에 환자가 수술한 것 맞느냐고 물어오는 것은 매우 기분 좋은 일이다. 그렇게 기분 좋게 회진을 마쳤다.

수술하고 다음날 아침 회진.

다인실부터 시작한 회진이 약간 길어졌다. 원래 대학병원처럼 빡쎈 병원이 아닌 중소병원에서는 회진이 꼭 환자의 상태만을 파악하는 과정은 아니다.

할머니 환자들의 손도 좀 잡아줘야 하고, 농담도 좀 해주고 등도 토닥거려 줘야지...

각종 complaint(불평)을 들어주기도 하고 때론 환자들과 같이 멍하니 아침드라마를 보기도 한다.

병동의 가장 구석에 있는 2인실. 다른 입원 환자가 없어 이 환자만 사용 중... charge nurse(책임간호사)와 방안으로 들어섰다. 그런데 들어서자마자 들리는 이상한 소리...

"하아, 하아..."
'?... 뭐지?'

"아... 아..."

낮은 신음 소리, 삐걱거리는 침대... 0.5초간 드는 생각.

'어? 환자 열나나?'

침대로 다가가려 멈칫... 이후 2~3초간 드는 생각.

'아이 씨... 뭔 병원에서... 이것들이 미쳤나...'

병원 대부분에서 병상 위 천정에는 커튼이 달려 있다. 환자의 환부를 살핀 다든지 소독을 할 때나 처치를 할 때 다른 환자나 보호자들로부터 환자의 프라이버시를 지켜주려는 병원 측의 배려이다. 환자의 침대는 출입문 쪽 에서부터 먼 쪽으로 창가 근처. 두 개의 병상 모두 커튼이 처져 있다.

'문 열고 들어오는 소리도 안 들릴 정도더냐, 이것들아...'

"환자분?"

커튼 앞에서 환자를 불러본다.
"......"

갑자기 소리가 없어졌다.

"환자분?"
"......"
"환자분? 뭐하세요? 커튼 치고?"
"......"
"환자분? 커튼 엽니다?"
"아, 저... 잠...잠깐만요..."

부시럭거리는 소리. 침대가 삐걱댄다.

커튼을 열어제끼면 이 방 안의 모든 사람이 매우 난감한 상황에 빠질 것이 자명해 보였다. 커튼을 사이에 두고 환자에게 말했다.

"음... 환자분. 괜찮으시죠?"

"아, 예... 예... 예..."

"...그래요, 그럼... 오늘 그냥 퇴원하세요."

"아, 예... 예... 예..."

환자를 보지 않고 charge nurse와 간호사 station으로 돌아왔다.

"나... 참... 원... 별..."

어이가 없었다.

"아니, 누가... 병원에서..."

영문을 모르는 채로 nurse station(간호사 스테이션)에 앉아 있던 acting nurse들이 얼굴이 벌개진 채 연신 손부채질 하고 있는 charge nurse에게 묻는다.

"왜요? 뭔데요, 뭔데요?"

"몰라도 돼, 이년아... 어린것들은..."

30대 후반의 아줌마인 charge nurse가 짧게 내뱉는다.
몰라도 되긴 뭘... 내가 있으니 민망해서 그런 거지...

"퇴원 오더 받으세요."

추가 order를 내고 뒤돌아 내려오려고 하는데 charge nurse가 한 마디
한다.

"그러게 과장님이 수술을 너무 잘 해주시니깐 그렇죠..."
"그래 그래... 내 탓이요 내 탓이요, 다 내 큰 탓이로소이다... 나... 원...
참..."

내가 뒤로 돌아서니 간호사들이 후닥닥 탈의실로 들어간다.

'아주 신났군, 신났어...'

아마도 오늘 오후쯤엔 모든 병원 직원이 알게 될지도 모르겠다.
환자는 이후 외래로 상처 소독 및 처방을 받기 위해 내원해야 되지만 한 번
도 오지 않았다.
trocar(트로카:복강경 수술에 사용하는 기구)를 뚫었던 상처 부위를 꿰매

놓은 skin stapler(의료용 스태플러)를 제거하기는 했는지도 알 수가 없는
노릇이지...
뭐 그러든 말든... 나였어도 이 병원에는 다시 못 올듯...

병원도 역시 사람이 하는... 아... 아니... 사는 곳이다.

#4

사실 난 보호 급여 대상 환자들을 별로 좋아하지 않는다.
그 이유는 그들이 가난해서도 아니고 병원 경영에 도움이 되지 않아서도
아니다.
다만 내가 겪어봤던 보호 급여 대상 환자 중 그 사회적 호의를 당연한 권리
로 생각하는 사람이 대부분이었기 때문에 형성된 나의 편견 같은 것이다.
그런 편견을 가져서는 안 되는 것을 알지만 쉽게 고쳐지지 않는다.
데인 게 많았거든...

병원을 여관으로 생각하고 겨울을 나야 되니 무조건 입원시켜달라는 사람.
비보험 항목에 대한 이해는 전혀 없으면서 본인은 수급자니 한 푼도 못 내
겠다는 사람.
이것저것 검사는 잔뜩 하고서도 땡전 한 푼 안 내면서 집에 갈 때는 에쿠스
타고 가는 사람.
하나같이 진상밖에 없었다.

그러다보니 자연히 들게 되는 생각은

'잘 해 줄 필요 전혀 없다.'

도대체 우리가 낸 세금으로 월급 받아먹는 공무원들은 뭘 하는 놈들인지...
정작 혜택을 받아야 하는 사람들은 오히려 각종 이유로, 아니, 서류 조작해서 수급권자가 되는 사기꾼들처럼 약아빠지지 못했다는 이유로 보호 급여 대상이 되지 못하는 경우가 많다.

70대 초반의 할아버지.
추레한 옷차림. 다 낡아빠진 등산화. 엉거주춤한 모습으로 진료실로 들어온다.

"아이구, 많이 아프신가 보다... 어르신, 항문이 아파서 오셨어요?"
"예..."

대답할 기운마저 없어 보인다.

"일단 침대에 올라가서 누워 보세요."

주섬주섬 올라가는데 다리를 침대 위로 잘 뻗지도 못한다.

"어르신... 바지를 좀 내려서 항문 검사 좀 할게요..."

"예."

"아... 하아..."

저절로 탄식이 나왔다.

마치 국화빵처럼 불거져 나온 hemorrhoid(치핵). 정상인 부위가 없을 정도인데 거기다 thrombus(혈전)까지 가득 들어차 있다.

"엄청 아프셨겠네요... 이게 언제부터 이랬어요?"

"한 일주일 됐어요..."

"어이구... 일주일 동안 어떻게 참으셨대... 이거 엄청 아팠을 텐데..."

"......"

"어르신, 왜 이제야 병원에 오셨어요?"

"......"

대답이 없다.

"어르신, 왜 이제서야 병원에 오셨냐니까요?"

머뭇거리던 할아버지가 어렵게 입을 뗐다.

"돈이 없어서... 내가 폐지 주워서 먹고 살아요..."

"아유, 아무리 돈이 없어도 그렇지 이 지경이 되도록 병원에 안 가시면 어떡해요... 엄청 아플 텐데 이걸 어떻게 참고..."

"......"

"일단 내려오셔서 여기 의자에 앉으세요."

침대에서 어찌어찌 내려오긴 했지만 환자용 의자(왜 그거 있잖아, 동그랗고 뱅글뱅글 돌아가는 의자...)에 앉질 못한다.

"간호사, 여기 치핵방석 좀 가져와요."

침대 위에 놓고 환자를 들어 그 위에 앉히니 한결 나은 표정.

"어르신, 이거 수술하셔야 돼요."

"얼마나 들겠어요?"

챠트 화면 하단에는 '국민공단'이라고 쓰여 있다.

"음... 1박2일 입원하시고 해서 다 통틀어서 한 40만 원 정도 나오겠네요."

잠시 머뭇거리더니...

"...내가 그럴 돈이 없어요..."

"그럼 이거 어떡하시려구요? 이거 이렇게 아픈데 어떻게 참으시게요?"

"……"

"어르신, 자제분 안 계세요?"

"있어요…"

"자제분한테 연락하셔서 도움 좀 받으시면 안 되겠어요?"

"……"

"어르신?"

"연락이 안돼요…"

"어디 외국에 사세요?"

"아뇨…"

"한국에 사세요? 어디 사시는데요?"

"몰라요…"

"자제분이 어디 사는지도 모르신다구요? 아드님이세요, 따님이세요?"

"아들이요…"

"연락처나 핸드폰 번호 모르세요? 전화 해 보신 적 없어요?"

"연락 끊긴지 10년도 넘었어요…"

"어르신, 할머니는 안 계세요?"

"8년 전에 죽었어요."

"그럼 지금은 어르신 혼자 사시는 거예요?"

"예…"

"혼자시고 폐지 줍고 사실 정도로 힘드신데 동사무소에 의료 급여 신청 안 하셨어요?"

"하긴 했었는데 아들이 있다고 안 된다고…"

"......"

10년 넘게 연락조차 되지 않는 아들 때문에 급여 신청도 안된다니...

이 얼마나 멍청하고 형식적인 제도란 말인가? 동사무소 공무원은 이 노인의 집에 가보기는 했을까?

"그냥 약이나 좀 주세요."

"어르신, 이 정도는 약으로 안돼요. 수술밖에는 방법이 없어요. 수술하셔야 돼요."

"돈이 없는데 어떻게 해요...?"

"......"

방법이 정말 없는 걸까?

"안돼요, 어르신. 이건 수술 받으셔야 돼요. 나가서 간호사 설명 들으시고 입원하세요. 준비되는 대로 수술할게요. 간호사!! 여기 좀..."

"아, 돈이 없다니까..."

"아, 무슨 방법이 생기겠죠... 우선 치료부터 하자구요..."

억지로 환자를 떠밀었다.

힘든 수술이었다. 한 시간이 넘게 걸렸다. (보통은 20분 이내로 끝난다.)

'하고 나서도 많이 아프시겠네...'

그러나 별 수 있나? 안하면 이대로 계속 살아야 할 텐데...

다음날 아침.

"어떠세요? 많이 아프세요?"

"아니... 별로..."

PCA(무통주사) 때문인 건지 아직은 별로 아파하지 않았다.

"어르신, 이제 설명 들으시고 소독하시고 퇴원하세요."

"......"

환자의 얼굴이 침울하다. 걱정이 되겠지...

가끔 병원에서 치료비를 깎아달라고 하는 사람들이 있는데 그건 정말 뭘 모르니 그런 소릴 하는 거다. 환자에게 정해진 이상의 치료비를 받는 것도 불법이지만 적게 받거나 안 받는 것 또한 환자 유인 행위라고 해서 불법이다. 적발될 경우 과태료 처분을 받는다. 그러므로 깎아주고 싶어도 환자가 외부로 발설할 경우를 대비해서 깎아주지 못한다.

제발 좀 뭘 알고 나서 요구해라... 쫌...

환부 소독을 하고 설명을 하고 퇴원하시라고 했다.

환자는 병실로 돌아가 옷을 갈아입고 접수/수납 앞으로 왔다.

"어르신."

"예..."

"여기 바깥에 계단으로 가시면 박스가 잔뜩 쌓여 있거든요?"

"......"

"오늘이든 내일이든 어르신 시간될 때 그것 좀 치워주실래요?"

"예?"

"저희 병원에서 약이랑 수액 들어올 때 같이 들어왔다가 버리는 박스가 좀 많아요. 그것 좀 치워주세요. 어르신 폐지 주우신다면서요?"

"그래요..."

"그럼 좀 치워주세요."

"예..."

"치료비는 그걸로 받을게요."

"예?"

"박스 치워준 값으로 받을게요."

"예?"

어리둥절해 한다.

"어르신... 병원에서 환자에게 치료비를 받지 않는 것도 불법이에요. 어르신이 넉넉지 않으시니 제가 깎아드리고 싶은데 그것도 나라에서 못하게 하는 환자 유인 행위가 되는 거라서 그렇게 할 수 없으니 대신에 어르신이 우리 병원 박스를 치워주시는 일을 해주시면 그 댓가로 지불하는 거니까 불법이 아니잖아요. 어르신이 일을 해 주신 거니까...용역 같은 거예요."

"......"

"약이랑 좌욕기랑 치핵방석 받아서 가시고 좀 나아지시면 시간 되실 때 계단에 있는 박스 좀 치워주세요."

"아... 예, 예, 원장님. 고맙습니다. 그런데 그러면 원장님이 손해 보잖아요...?"

"괜찮아요, 전 그 정도 손해로는 안 망해요."

"......"

"가세요, 그리고 내일 오셔서 추가 약 처방 받으시구요."

"감사합니다, 감사합니다..."

연신 꾸벅거리며 돌아갔다.

다음날. 환자는 박카스 한 박스를 들고 내원했고 계단의 박스는 치워졌다.

이것으로 누구도 손해 본 사람은 없었다.

내가 어렸을 적.

의료보험제도 자체가 확립되지 않았던 1970년대 후반. 병원에 간다는 것이 그렇게 공포스러운 일일 수가 없었다.

병원 문을 열고 들어서자마자 콧속으로 훅 들어오는 소독약 냄새와 흰색과 하늘색의 자잘한 정사각형 타일로 도배되어 있는 벽,

차디찬 도끼다시 바닥,

새하얀 가운을 입은 인정사정없이 차가워 보이는 의사가 들이대는 더 차

가운 청진기와 설압자,

그 모든 공포의 정점을 찍는 유리 주사기.

그야말로 병원은 지옥이었다.

팔이 부러져 갔던 외과(그때는 정형외과라고 분과되어 있지 않았다. 시골
이라 그랬는지도 모르지만...).

간단한 X-ray 촬영 후에 진통제나 수면제도 없이 무자비하게 행해지는
manual reduction(도수정복)과 splint(소위 말하는 깁스의 일종).

도저히 사람이 사는 곳이라 여겨지지 않던 그 곳.

이제 내가 그 사람 같지 않아 보이던 사람이 되어버렸다.

그것도 공포스런 메스를 들고 설쳐대는 외과 의사.

지금 내 병원에 오는 환자들의 공포가 예전 내가 느꼈던 공포와 다를까?

맞은편에 서서 보려고 하는 의사가 되어야 할 텐데...

설익고 성질 급한 나에게는 아직은 먼 일이 될지도 모르겠다.

그러나...

병원도 사람 사는 곳이다.

세상에서 일어나는 일들이 병원에서도 똑같이 일어난다. 그들도 웃고, 울
고, 실수하고, 사랑하고, 때로는 미워한다. 병원과 의사를 우습게 알아도
안 되겠지만 모르는 것 없는 전지전능한 신적인 존재로 생각하는 것도 노
땡큐다.

그저...

사람 사는 곳에 사는 사람을 사람으로 봐 주었으면 좋겠다.

4

공짜는 없다

내가 고딩일 때 사회 과목 시간에 연세 많이 드신 선생님이 경제를 가르치시며 하신 말씀이 있었다.

"야, 느그들이 정주영(당시 현대그룹 회장)이헌티 만 원 준다고 하믄 정주영이가 싫어하겠냐?
아니여잉?
좋아혀잉?
돈이 많다고 돈 싫어 하는 거 아녀잉? 그게 경제의 기본이다,
이것이여잉?"

고2, 1988년에 들은 말이지만 아직까지도 잊히지 않는 가르침이다.
정말 맞는 말씀이더라...

#1

30대 후반의 남자.
anal bleeding(항문 출혈)을 주소로 내원했다.
진료실 의자에 앉자마자 내가 묻기도 전에 자기 얘기부터 시작한다.

"제가요, 한 10년 전 쯤부터 항문에 피가 났었는데요, 그때 병원에 갔더니
수술할 정도 아니라고 그냥 좌욕만 하라고 해서 그냥 지냈거든요.
그러다가 좀 좋아지는가 싶더니 또 피가 나서 저기 강서구청 쪽 병원에 갔
는데 거기서는 수술해야 된다고 해서 다시 안 갔다가,
한동안 또 괜찮아져서 그냥 있다가 한 5년 전부터 피도 나고 아프고 해서
다른 데 병원에 갔는데 거기서 치질이라고, 수술해야 된다고 해서 수술했
는데 수술 이후에는 또 괜찮았다가
그 다음부터 또 피가 나고 아프고 해서 제가 잘 아시는 병원에 가서…"

'아시는' 병원이 뭐냐?
자기 자신한테 높임말 쓰는 거냐?
'아는' 병원이다.

"거기서는 아무 이상 없다고 좌욕만 하라고 해서 했는데 계속 똑같아서 그
냥 있었는데 최근에 이거 인터넷에서 찾아보니까 직장암이나 그런 거 일
수 있다고 해서 너무 걱정이 되고…"

주저리 주저리 늘어놓는다. 계속 듣고 있어봐야 별 도움이 안 된다.

"예, 환자분. 그러니까 변 볼 때 피가 나고 아프신 거죠?"

"예."

"변기가 빨개져요, 아니면 닦을 때만 묻어 나와요?"

"닦을 때만요... 선생님, 저 이거 암은 아니죠?"

"아뇨... 변 볼 때 아프세요? '악!' 할 정도로 찢어지게 아픈 거 있어요?"

"예, 아파요."

"혹시 변이 항문에 걸리는 느낌 있어요?"

"글쎄요... 그게 뭔지..."

"변이 쑥쑥 잘 나오느냐구요. 항문에 걸려서 안 나오는 느낌이 있어요?"

"아... 맞아요. 쑥쑥 시원하게 나오지는 않아요."

"대장 내시경 해 보신 적 있어요?"

"헉, 저 암이에요?"

"아니라구요, 암은 무슨... 대장 내시경 해 보신 적 있냐구요?"

"예, 1년 전에 했어요."

"나이가 젊으신데 일찍 해보셨네요. 그 때 했을 때 이상은 없었어요?"

"예."

"용종도 없었구요?"

"예, 깨끗하다고 했어요."

이미 90%는 진단이 된 상태.

나머지는 그 생각(impression)이 맞는지 확인의 과정일 뿐이다.

"침대에 올라가서 벽 보고 옆으로 누워보세요."

"헉, 왜요?"

"왜긴 왜예요? 항문 좀 보려는 거지."

"헉, 저 암이예요?"

"아... 암 아니라니깐... 항문 검사를 해야 할 거 아니예요? 뭘 봐야 알죠, 봐야..."

"...예..."

젊은 사람이 무슨 암 타령인지... 어지간히 건강염려증이 있나보다.

아니나 다를까 anoscope(항문경)을 넣으려 하는데 저항이 엄청나다.

anoscope(항문경)의 앞부분만 살짝 밀어 넣으려는 데도

"아아아아악!!"

더 진행을 못했다.

Jack-knife position(잭-나이프 포지션:엎드린 상태에서 잭-나이프처럼 허리를 구부려 상체와 하체가 일직선이 아닌 각도가 지어지게 하는 자세로 항문 질환 수술 시에 많이 쓰는 자세이다.)에서 12시 방향 anal canal(항문관)에 있는 chronic ulcer(만성 궤양)과 skin tag(피부 쥐젖).

전형적인 chronic anal fissure(만성 치열)다.

🔵주

anal fissure(치열)은 항문관이 찢어지는 것으로

크게 acute anal fissure(급성 치열)와 chronic anal fissure(만성 치열)로 나뉜다.

이 두 가지는 그 발생 원인이 다른데 acute anal fissure(급성 치열)의 경우 항문괄약근은 정상인데 일시적으로 굵고 딱딱한 변이 나와서 항문관을 찢는 것으로 이것은 '변'의 문제이지 괄약근의 문제는 아니므로 변을 묽게 만드는 약을 먹으면서 좌욕을 하면 좋아진다. 하지만 chronic anal fissure(만성 치열)의 경우 반대로 변은 딱딱하거나 굵지 않은데 항문 괄약근의 압력이 증가해서 괄약근이 다 벌어지지 않은 상태에서 변이 나오다 항문관을 찢는 것이다.

그러므로 항문관이 찢어졌다가 나을만 하면 또 찢어지고, 나을만 하면 또 찢어지고 해서 나중엔 그 찢어지는 자리에 ulcer(궤양)가 생기게 되고 바깥쪽으로 쥐젖처럼 피부가 늘어지게 되는 skin tag(피부 쥐젖)이 생긴다.

이 ulcer(궤양)는 낫지를 않기 때문에 ulcer(궤양)와 skin tag(피부 쥐젖)을 절제(Fissurectomy)하고 항문 괄약근의 압력이 증가되어 나타나는 질환이므로 항문 괄약근의 일부를 절개(Partial sphincterotomy)하는 수술을 해야 한다.

즉, 쉽게 말하면 급성 치열은 약 먹고 좌욕하면 되는 병이고 만성 치열은 수술을 해야 하는 병이다.

"치열이예요, 만성 치열. 수술하셔야 되겠네요."

"예? 그게 뭔데요?"
위의 설명을 그대로 했다.

가끔 정말로 저렇게 설명하느냐고 묻는 분들이 있는데,
정말 똑같이 저렇게 설명한다. 반말은 빼고 토씨 하나 안 틀리게...

역시 가끔 놀라시는 분들이 있는데, 놀라실 것 없다.

허구헌 날 똑같이 얘기하다보면 나중엔 다 외워져서 머릿속으로는 다른 생각을 하면서도 똑같은 말을 주절주절 얘기하게 된다. 토씨 하나 안 틀리고...

다만 내가 말을 하는 도중에 환자나 보호자가 말을 끊으면 어디까지 설명했는지를 까먹는다는 단점은 있다. 이럴 때는 되게 버벅거린다.

설명을 하고 나니 환자가 다시 묻는다.

"수술이요? 수술하면 피가 안 나올까요?"

"그러라고 수술하는 거죠. 그리고 변 볼 때 아픈 것도 좋아지고..."

"수술하면 안 아파요?"

"할 때는 마취했으니 모르고 하고나도 별로 안 아파요. 이건 치열 수술이라서 치핵 수술이랑은 달라요. 별로 안 아파요. 오히려 수술 후에 변 볼 때 훨씬 편할 거예요."

"......"

잠시 머뭇거리는가 싶더니...

"그럼 일단 약부터 먹어보고 수술은 좀 더 생각해 볼게요."

"무슨 약을 먹어요?"

"이거... 치열 약이요."

"만성 치열은 약으로 치료하는 게 아니라니까요, 수술해야 되는 거예요."

"...그래도 약을 좀..."

"그냥 변을 더 묽어지게 하는 약을 드릴 수는 있지만 그걸로 병이 낫는 것도 아니고 증상이 좋아지는 것도 아니예요. 통증은 좀 덜해질 수 있지만 그마저도 화장실을 자주 가느라 빈도는 더 잦아져요. 그래도 약을 지어 드려요?"

"예, 그냥..."

"알겠습니다. 그럼..."

예전 같으면 수술 이외에는 방법이 없으니 먹어봤자 필요 없는 약을 뭐 하러 지어가느냐며 처방을 안 해줬겠지만 아무리 설명해봤자 '답정너'인 환자들에게 요즘은 그냥 원하는 대로 해주고 보낸다.

진료실 밖으로 나가 처방전을 받는가 싶더니 다시 진료실 안으로 쑥 들어온다.

"뭐 하나 질문해도 돼요?"

"예."

"이거 대장암은 아닐까요"

"아니예요."

"예."

다시 진료실을 나갔다.

수납을 하는가 싶더니 다시 들어온다.

"뭐 하나만 더 질문해도 되요?"

"예."

"이거 좌욕을 하면 좋아지거나 그러진 않아요? 주변에 보면 좌욕하면 좋아진다고 하고 인터넷 보니까 웬만하면 항문은 수술 안 하는 게 좋다고 하는데…"

"좌욕해서 나쁠 것은 없지만 좌욕한다고 해서 환자분의 질환 자체가 없어지지는 않아요. 계속 말씀 드리지만 만성 치열은 수술하는 병입니다."

"예…"

어디서 주워들은 걸로 반박해보려다 단호하게 나오니 바로 꼬리 내린다. 이런 일이야 비일비재하니 뭐 그리 놀라울 일은 아니다. 아이스커피 한 잔을 말아서 엘리베이터 앞으로 가는데 환자는 아직도 갈 생각을 안 하고 간호사에게 뭘 물어보고 있다가 나를 돌아보고는 다시 묻는다.

"원장님, 하나만 더요. 이거 운동하면 좋아지지 않을까요?"

"무슨 운동이요?"

"뭐 그런 거 있던데… 케겔운동인가 뭐…"

"푸하하하… 케겔운동은 항문 괄약근이 약한 변실금 환자들이 하는 운동이구요. 환자분은 괄약근 압력이 너무 쎄서 나타나는 질환인데 그걸 하면 증상이 더 심해지죠."

"…아… 예…"

1층으로 내려와서 담배 한 대를 피워 무는데 잠시 후 환자가 내려와서 나가는 길에 마주쳤다.

"원장님, 질문 하나만 더 해도 되요?"
"안돼욧!! 싫어욧!!"

잠깐 멈칫 하더니만 어이없어 웃고 있는 나를 보더니 다시 물어본다.

"이거 음식은 뭘 먹어야 돼요?"
"하아…"
"뭐 야채 같은 거 많이 먹고 그러면 좋지 않을까요?"
"변비 있어요?"
"아뇨. 오히려 화장실은 너무 자주 가죠…"
"야채 많이 먹는 게 몸에 나쁜 건 아니지만 안 그래도 화장실도 자주 가고 변이 굵으면 변 볼 때 더 아플 텐데 거기다 더 가시게요?"
"아…"

고개를 끄덕이더니 이내 돌아서 가더라.

'젊은 녀석이 뭘 그렇게 건강염려증이 있어가지고…'
중년 이상의 나이 드신 분들에서 가끔 보는 건강염려증 환자들이 있다.
건강염려증이 확실해 보이는데도 나이가 나이니 만큼 '괜찮겠지…' 하고 의사가 무시했다가는 큰 봉변을 치를 수 있기 때문에 중년 이상의 사람들에게서는 나도 웬만하면 필요한 검사를 다 해주는 편이다.

물론, 너무 심한 사람들도 간혹 있기는 하지만...

의과대학생일 때 정신과 교수님이 하시던 말씀이 문득 떠오른다.

"나중에 의사가 되어서 진료할 때 자기가 아픈 거 종이에 깨알같이 적어 와서 그거 보고 얘기하는 사람 있거든 정신과 외래로 먼저 보내."

환자가 별로 없으니 맨날 탱자탱자 놀고 있는데(그러니 이렇게 주저리주저리 글을 쓰고 있는 거지... 나도 존나게 바빠서 이런 뻘글 안 쓰고 나라가 어떻게 돌아가는지 전혀 모르고 살고 싶다.) 문의 전화는 오지게도 온다.

"원장님, 전화 좀 받아보세요."

간호사가 말한다.

"누군데요?"
"아까 그 분이요..."
"누구?"
"아까 그 말 많던 치열 환자요..."
"에휴..."

"돌려드릴게요."

전화를 돌려 진료실에서 받았다.

"여보세요."
"아, 원장님 저 아까 오전에 진료받은 사람인데요..."
"예."
"뭐 좀 물어볼 게 있어서요..."

'그렇게 물어보고도 아직도 뭐가 남았냐?'

"그럼 대장에는 아무 이상이 없는 거죠? 암이나 이런 건 아닌 거죠?"
"하아..."
또 또 또...

"환자분, 1년 전에 대장 내시경 하셨다면서요?"
"예."
"어디서 하신 거예요?"
"OO병원이요."
"용종도 없고 아무 이상 없다고 했다면서요?"
"예, 깨끗하다고 했어요."
"30대 후반의 남자가 1년 전에 대장 내시경을 해서 깨끗하다고 나왔는데 1

년 만에 그새 뭐 이상한 게 생겼을 가능성은 매우 적어요."

"그 병원에서 잘못 봤을 수도 있잖아요, 오진이나..."

"OO병원이면 대장 항문 전문 병원인데 잘 못 봤겠어요? 거기가 얼마나 베테랑들인데?"

"그럼 전 대장에 아무 이상 없는 거죠?"

"못 믿으시겠으면 다시 대장 내시경 하시구요. 해 드려요? 저는 환자분 대장 내시경 하면 돈 벌고 좋아요. 해봤자 뭐가 나올 게 없고 항문에 있는 치열은 확실한 것이라서 진단은 확실히 치열이 맞아요.

그런데도 환자분이 의사를 못 믿어서 그러시는 거라면 그냥 대장 내시경 하세요. 저야 좋아요. 해 드릴까요?"

"아뇨, 제가 뭐 꼭 의사 선생님을 못 믿겠다는 건 아니고..."

"그럼요?"

"그냥 혹시라도 해서... 걱정되니까..."

"걱정 안하서도 됩니다. 치열 맞아요."

"그럼 이렇게 피가 나오는 건 왜 그런 거예요?"

"엥? 왜라뇨? 치열 때문이라고 아까 말씀 드렸잖아요?"

"아..."

이건 뭐...

아까는 뭘 듣고 나서...

"그럼요, 선생님... 이거 피나는 거를 멈추게 하는 방법은 없어요?"

빠직...

"수.술.하.셔.야. 된.다.구.요, 수.술..."
"아..."

이쯤 되니 얘가 날 놀리려고 하는 짓인가 싶다.

"환자분, 환자분의 진단은 확실한 것이고 저는 치료 방법도 수술밖에는 없다고 분명히 말씀 드렸구요, 전 설명 드릴 거 다 드렸으니 전화 끊겠습니다."

전화를 끊고 나니 간호사가 말한다.
"설명은 공짜라서 그래요, 설명은..."

#2

역시 30대의 남자 환자.
2년 전에 hemorrhoid(치핵)로 수술받은 거를 보험회사 제출용 진단서를 발급받으러 내원했다. 요즘 경기가 나빠서인지 많은 사람이 오래전 진료 받았던 내용에 대해 보험금을 타려고 온다.
'상기 환자는 상기 진단명으로 2018. OO. OO. 근치적 치핵절제술 시행받은 환자임.'
모든 환자에게 동일하게 나가는 진단서 내용이다.
토씨 하나 틀리지 않는다.

치핵 수술의 명칭은 Hemorrhoidectomy(치핵절제술)인데 이를 한국어로 하면 '근치적 치핵절제술' 또는 '치핵근치술'이라고 표현한다. 여느 때와 같이 환자에게 발행해주고 환자는 가지고 갔다.

오후에 다시 걸려온 전화.

"선생님, 보험회사에서 '치핵근본술'이라는 명칭이 들어가야 된다고 하는데 진단서를 다시 좀 써 주실 수 있나요?"

"치핵근본술이나 근치적 치핵절제술이나 같은 말입니다."

"여기 회사에서는 치핵근본술이라고 해야 된대요."

"아니예요. 다 같은 말이예요."

"아닌데..."

"하아... 보험회사가 어느 회사예요?"

"XX보험이요."

"거기 전화만 받는 상담원 말고 보험 설계사나 윗사람한테 물어보세요. 다 같은 거라고 할 거예요."

"그럼, 선생님 제가 다시 물어볼 건데 그래도 꼭 치핵근본술로 해야 된다고 하면 다시 떼어주실 수 있으세요?"

"꼭 그래야 된다고 하면 그렇게 해 드릴게요."

전화를 끊었다.

이후 별 다른 얘기가 없길래 그냥 통과되었나보다 생각했다.

다음날, 환자가 직접 찾아왔다.

"꼭 치핵근본술로만 해야 된대요."

"하아... 아닌데..."

"그냥 떼어 주세요."

의사로서의 오기가 났다.

"환자분, 원래 정식 명칭인 '근치적 치핵 절제술'이라는 말에는 '치핵'을 '근치' 즉, 근본적으로 치료하여 '절제' 즉, 떼어냈다는 말이 들어가요.

그런데 그 보험회사에서 원하는 말인 '치핵근본술'이라는 말에는 '치핵'을 '근본'적으로 뭘 어떻게 했는지에 대한 말이 없어요.

그러니까 '절제'라는 단어가 없다구요. 그래서 '치핵근본술'이라는 말은 '치료'의 개념이 없는 말이라서 정식 명칭이 될 수 없어요. 그 보험회사에서 잘 모르고 환자분을 두 번 고생시키는 거예요. 거기 윗사람이나 설계사에게 물어봤는데도 그래요?

꼭 치핵근본술이어야 한다고?"

"예."

"아... 정말... 그거 아닌데..."

"그냥 떼어 주세요."

별 수 있나 떼어 달라는 대로 떼어 줘야지... 새로 진단서를 발급했다. 새 진단서를 받아가려다가 간호사가 진단서 비용이 2만 원이라고 하자 깜짝 놀랜다.

"아니 돈을 또 내요?"

"새 진단서를 받으셨으니까요."

"아… 그래요? 잠깐만요…"

하더니 대기실 소파에 앉아서 전화를 한다.

나는 기분도 그렇고 해서 1층으로 내려와 담배 한 대를 피워 물고 있는데 이내 환자가 내려온다.

"선생님, 다시 알아보니까 근치적 치핵절제술도 된대요. 진단서 그냥 안 가져갈게요."

"…하아… 아까는 안 된다면서요? 어디다 알아보셨는데요?"

"다른 사람한테 물어보니까 그것도 된대요."

"……"

'다른 사람은 뭐 개뿔… 어제 알아보지도 않았구만…'

"그럼 새로 쓴 진단서는요?"

"이제 필요 없죠."

"수납은요?"

"안 가져가는데 수납을 왜 해요?"

"의사한테 일은 시켜 놓구서요?"

"그래도 뭘 안 가져가는데 제가 돈을 낼 이유가 없죠."

"……"

본인이 의사에게 새 진단서를 발급해 달라고 해서 본인이 받아가는 종이 쪼가리에 대해서는 대가를 지불하겠지만 의사가 하는 일에 대해서는 대가를 지급할 이유도 없고 가치를 부여할 수도 없다는 주장이다. 환자는 건물 앞에 불법으로 주차해 놓은 올 뉴 그랜저 승용차를 몰고 유유히 사라졌다.

정신과를 제외하고는 모든 진료과에서 몇 초를 진료하든 몇 시간을 진료하든 그 진료비는 동일하다. 아무런 검사나 처치를 하지 않고 환자를 진찰하고, 상담하고, 진단하고, 치료 방법을 얘기해 준다고 할 경우 1차 의원급에서의 총 진료비는 초진의 경우에라도 1만5천 원이 되지 않고 환자 본인 부담금은 5천 원이 되지 않는다.

"어휴... 그렇게나 많아?"
라고 하시는 분들이 있으려나?

#3

50대 여자 환자.
배꼽과 명치 사이에 뭔가 딱딱하게 만져진다고 내원했다.
키는 160cm 정도? 그러나 몸무게는 족히 90kg는 넘어 보였다.

"침대에 올라가서 누워보세요."
누워 있는 환자의 배는 흡사 짐볼을 얹어 놓은 것 같이 생겼다.

"어딘지 짚어보세요."

환자 본인도 여기저기 꾹꾹 눌러가며 찾는데 애를 먹는 것 같이 보였다.
한참 후...

"여기, 여기, 여기요..."

굵고도 짧은 손가락이 배꼽 위 약 7~8cm 정도의 위치를 가리킨다.

"손 떼어 보세요."

촉진을 하는데 만져지는 게 없다. 혹시나 내가 잘못 촉진하는 것이 아닌가
하여 몇 번을 만져보는데도 특별한 이상 소견이 없다.
"없는데요..."
"아니예요, 여기 여기요... 여기 있잖아요... 좀 딱딱하게..."
"어디요, 다시 만져볼게요."

역시나 만져지지 않는다.
배에 힘을 줘보라고 해도 힘을 빼보라고 해도 역시나 달라지는 것은 없었다.

"잘 모르겠는데요..."
환자는 못 믿겠다는 얼굴로 짜증을 낸다.

"아이, 참... 여기 여기 있잖아요."
"......"
"여기 있는데..."
"한 번 일어나 앉아보세요."

혹시 ventral hernia(복벽 탈장)일 경우 누워 있으면 촉진하기가 어려울 수 있어서 환자를 앉게 하여 다시 촉진을 해 보았지만 그것도 아니다.

"환자분, 그러지 말구요, 초음파를 좀 볼게요."

피하초음파(피부로부터 복막까지의 깊이를 보는 초음파)를 보는데 맨 아래쪽으로 보여야 되는 복막은커녕 근육도 잘 보이지 않는다.
왜냐구? 피하지방층이 너무 두꺼워서 그래...
그냥 상상에 맡긴다...

초음파 depth(깊이)를 조정하여 보는데도 복막은 저 깊숙한 심연 어디인가에서 가끔 살짝살짝 보일 뿐이다. 초음파 탐침자를 아무리 왔다갔다 해봐도 딱히 이상이 있어 보이는 구조물이나 덩어리는 보이지 않았다. 10분이상을 봐도 보이질 않는다.

"환자분, 없는데요..."
"아닌데... 있는데... 여기 여기 있는데..."

Jelly(젤리)가 발라져 있는 배 위로 내 손 두께의 두 배, 내 손가락 길이의 반 정도 되는 손이 바쁘게 움직였다.

"없어요. 특별하게 이상한 소견은 없습니다."
"아이 참... 있는데..."

초음파로 봐도 없는 걸 어쩌라고...
charting(기록 작성)을 하고 내가 보기엔 특이 소견이 없으니 정 이상하면 큰 병원에서 CT를 찍어보는 것도 한 방법이라고 얘기했다. 환자의 대답 없이 일어서는 표정이 찝찝했다.
진료실을 나가더니 그냥 엘리베이터로 간다.
"환자분, 수납하셔야죠."

간호사가 불러 세운다.

"무슨 수납이요? 찾지도 못했으면서..."
"환자분, 원장님께서 이상 소견이 없다고 하셨잖아요, 진료를 보셨으니 수납을 해 주셔야죠."
"얼만데요?"
"초음파 하셨고 진료 보셔서 총 3만4천3백 원 나왔어요."
"아니, 뭘 찾지도 못했는데 돈을 그렇게 많이 받아요?"
"......"

하도 황당한 소리를 하니 간호사가 뭐라고 말을 못한다.

"아니, 그렇잖아요... 환자가 이상이 있다고 하는데도 찾아내지도 못하고 괜히 초음파만 봐서 돈만 많이 나온 거잖아요. 아무것도 해준 게 없으면서 무슨 돈을 달래?"
"찾아내지도 못한 게 아니라 뭐가 없는 겁니다."

진료실에 있다가 밖으로 나가면서 얘기했다.

"뭐가 있다니까요."
"없어요, 환자분... 이상 소견이 없다구요."
"난 만져진다구요."
"초음파로 봐도 뭐가 없어요."
"아이 참..."
"객관적인 검사로 봐도 이상이 없으면 이상이 없는 게 맞습니다. 진료를 보셨고 검사도 하셨으니 진료비를 내시는 게 당연한 거구요."
"......"
"정 못 믿으시겠으면 큰 병원에서 검사 한 번 받아보시라니까요."
"에이 참..."

툴툴거리더니만 카드를 꺼내 결제를 하더니 엘리베이터 쪽으로 가면서 들리라고 혼잣말을 한다.

"뭐 찾지도 못하면서 돈을 내래…"

빠직…

있는 힘껏 소리치고 싶었다.

"뭘 찾질 못해? 그건 니 fat(지방)이야, fat!!!"

대인(對人) 직업 중에 전문직이라고 한다면 의사와 변호사가 가장 대표적인 직업일 것이다.

둘 다 오랫동안의 지식 습득의 과정을 거치고 상상도 못할 정도의 어마어마한 양의 공부를 해야 하며 어려운 시험을 거친 후에도 일정 기간의 트레이닝 과정을 거쳐야 비로소 제 역할을 하게 되는 직업이다.

어느 누구도 이제 막 사법고시를 패스해서 실무 능력은 하나도 없는 변호사에게 사건을 맡긴다거나

이제 막 의사고시를 패스해서 칼 한 번 잡아본 적이 없는 의사에게 수술을 맡기지는 않을 것이다.

어느 정도의 실력과 경륜이 쌓이게 되어야 비로소 제 역할을 하게 되는 직업이 비단 의사나 변호사뿐이겠냐마는 의사나 변호사에 있어 다른 직종보다 그 전문성이 더 중요한 것은 말할 필요도 없겠다.

생명의 박탈, 신체의 구속, 어마어마한 금전적 손해로부터 나 자신을 보호

하기 위해서 그만큼의 대가를 지불해야 한다는 것은 당연한데도 불구하고 의사와 변호사들에게 대하는 일반의 태도는 매우 다르다.

변호사의 상담은 시간에 따라 상담료가 부과된다.
수임을 하면 착수금을 받고 재판이 끝나면 착수금을 뺀 나머지 돈을 받는다. 승소를 하면 성과금(요즘도 있나?)을 받는데 패소를 했다고 해서 돈을 돌려주지는 않는다. 수임료는 소송가액의 크기에 따라 또는 사건의 크기에 따라 달라진다.
각각의 변호사들의 역량과 명성에 따라 금액이 달라지고 천차만별이긴 하겠지만 누구도 그 금액 결정에 개입하지 않는다.
(변호사분 중에 제가 알고 있는 게 잘못된 것이면 지적 바랍니다.)

자, 이제 의사는?
앞서 말했듯이 정신과를 제외한 모든 진료 과목은 시간에 따라 진료비가 달라지지 않는다.
3분을 진료하든 세 시간을 진료하든 그 금액은 동일하며 수술명에 따라 수술 술기료가 달라질 뿐 15분을 수술하든 15시간을 수술하든 그 금액은 똑같다.

예를 들어본다.
병원급의 금액 기준으로(개인의원급은 더 낮다.)
2014년 기준. (2014년 기준이니 지금은 엄청 오르지 않았느냐고 따지지 마

라. 매년 물가 상승률의 반도 안 되는 수가 인상을 고려하면 지금은 실질 수가가 2014년보다 낮아졌다.)

1. 대충 한 시간 이내의 수술
충수돌기 절제술 : 244,411원
근치적 치핵 절제술 : 242,105원
서혜부 탈장 교정술 : 245,772원

2. 대충 두 시간 이내의 수술(나는 이것도 한 시간 이내에 한다만…)
담낭 절제술 : 457,585원

3. 대충 서너 시간 이내의 수술
위 아전 절제술(위암으로 림프절 곽청술을 포함할 경우:쉽게 말해 위암 수술) : 600,365원
위 전 절제술 : 792,460원
우측 대장 절제술(우측 대장암 수술) : 816,975원
대장 아전 절제술 : 894,584원
대장 전 절제술 : 769,499원
간엽 절제술(간암 수술) : 1,029,109원

4. 대충 네 시간 이상 걸리는 수술
Whipple 수술(췌장두부암, 총수담관암, Ampulla of Vater ca. (바터씨 팽

대부 암), 십이지장암) : 1,268,788원

어때? 엄청 비싸지?

마취과 의사나 마취과 간호사, scrub(스크럽) 간호사, circulating(스크럽 보조) 간호사를 제외하고 수술 자체에 들어가는 인원으로만 본다면

대개는 1, 2번 수술의 경우 수술에 두 명 정도가 들어가고, 3, 4번의 경우 서너 명의 인력이 필요하게 된다.

즉, 수술을 하나 하는 데 적게는 여섯 명, 많게는 여덟 명의 인원이 필요하다.

1원 단위까지 결정되어 있는 저 금액은 건강보험정책심의위원회(이하 건정심)에서 결정한다.

건정심은 가입자, 공급자, 공익 위원의 세 분야 대표들로 이루어져 있으며 각각 여덟 명씩 총 24명의 위원으로 이루어져 있다.

아는 사람들은 알겠지만 가입자 위원에는 민주노총, 한국노총, 환자단체 연합, YMCA, 심지어 외식업 중앙회 대표도 포함되고

공익 위원에는 보건복지부, 기획재정부, 보험공단, 심평원, 조세재정연구원 등 공무원이 대부분이고

공급자 위원에 의/약 업계가 들어가는데 이 중 의사협회의 두 명을 제외하고는 병원협회/치과의사협회/한의사협회/간호사협회/약사회/제약협회 사람들로 이루어져 있다.

즉, 총 24명의 위원회에서 의료를 공급하는 사람은 두 명뿐이고 병원협회

대표를 제외한다 하더라도 나머지는 모두 의료수가가 낮으면 낮을수록 좋아할 사람들이다.

그럼 의료수가 결정이 어떻게 결정될 지 불을 보듯 뻔한 거 아닌가?

소비자와 공급자 사이에 끼어들어 가격을 후려치고 일방적으로 결정하는 것이 공정 거래에 위반되는 것이 분명한데도 헌법재판소에서는 '공익'을 위해서라면 의사들의 일방적인 손해도 합헌이라는 결론을 내린다. 결국 다들 한통속인 거야...

자 이제 다시 돌아가서...

변호사 수임료를 시민단체나 공무원들이 모여서 일방적으로 정해주나? 아니지?

변호사가 재판에서 패소하면 수임료를 의뢰인에게 다시 돌려주나? 아니지?

변호사가 재판에서 패소하면 손해액을 의뢰인에게 물어주나? 아니지?

의사가 최선을 다했음에도 수술에 실패(?)하거나 진료에 착오가 있게 되면 어떻게 되나?

그동안 최선을 다한 노력에 대한 대가는커녕 소송에 휩싸이거나 소송까지는 아니더라도 심각한 위협을 받고 심지어는 흉기에 목숨을 잃기도 한다.

꼴랑 20여만 원 받으려 수술했다가 무슨 문제가 생기면 그 100배, 아니 1000배는 물어내야 한다. 이건 공정한 거야?

그래.

196

의료 사고야 뭐 의사의 과실이 있을 수 있다 쳐.

그럼

의사가 시행하는 나머지 다른 일들에 대해서는 제대로 된 대가를 지급하는 게 옳은 거 아냐?

그 알량한 건정심이 결정해 준 대로 말이야...

근데 왜 그것마저도 안 주려고 해?

의사들은 그냥 짓밟아도 되는 사람들이야?

그러고도 니네가 공정을 외쳐?

코로나 사태 이후에 각 병원들이 입은 손해에 대해서 정부는 지급을 미루려 한다.

아니, 어쩌면 안 주려는 것이겠지... 정부부터가 이럴진대 일반 국민들이야 오죽하겠냐?

공짜는 없다?

아냐.

이 나라에서 의사는 공짜다.

찍소리도 못하는 공짜...

5

국민이 미개하니 국가가 미개하다

대개의 경우

항문에 생기는 질환에 있어 촌각을 다투는 응급 수술은 없다.

치핵, 치루, 치열 등은 환자가 병원에 내원하여 수술 전 검사를 시행한 후 따로 날을 잡아 수술을 하게 되는 경우(이런 걸 elective Op.라 한다.)가 대부분이다.

그러나 항문 농양(perianal abscess)에 있어서는 대개 진단이 되자마자 응급 수술을 하는데 그 이유는 환자의 통증이 어마어마한 데다 자칫 시기를 놓칠 경우 패혈증 등 심각한 전신 질환으로 번지거나 너무 심하게 퍼져 수술 후 항문 괄약근이 너무 많이 손상되어 항문이 벌창나는 경우가 있기 때문이다.

#1

M/55(55세 남자 환자)

열흘 전 항문 통증으로 내원.

진료실의 동그란 환자용 의자에 앉을 수는 있었다.

항문 초음파 상 12~1시 방향의 항문 농양 소견이 보였다.

"항문 농양이네요. 수술하셔야 되겠는데요."

"아... 그래요?"

"바로 입원하셔서 수술하시자구요."

"예."

"간호사 따라가셔서 수술 전 검사 하시고 바로 준비 하실게요."

"예."

환자에게 간호사를 따라가 안내받으라고 한 후 나는 다른 수술을 하고 있었다.

"원장님, 환자가 오늘 수술 못 받겠다는데요?"

간호사가 수술실에 들어와 얘기했다.

"엥? 내일은 토요일이라 우리 수술 못하는데 주말 동안 어떻게 버티려고?

왜요? 왜 못 받는대요?"

"환자분이 돈이 없대요."

"걍 카드로 하시면 되지 왜…"

"모르겠어요."

"알았어요, 내가 얘기할게요."

수술을 마치고 나와 환자에게 얘기했다.

"왜 오늘 수술 안 받으시게요?"

"예, 제가 당장 돈이 없어서…"

"카드로 하세요."

"제 카드 한도가 모자라서…"

"다른 카드는 없구요?"

"다른 카드는 마누라가 가지고 지방에 내려가서 없어요."

"그럼 이번에는 한도되는 만큼만 내시고, 수술하고 나서도 외래에 계속 치료받으러 다니셔야 되니 그때 나눠서 내세요."

"아, 그래도 되나요?"

"별 수 없죠. 환자분 오늘 수술 안하시면 내일은 토요일이라 저희가 수술 못하고 일요일 지나서 월요일에 오셔야 하는데 그때까지 아파서 못 버티실 거예요."

"예, 그럼 그러죠. 근데 지금 제가 차를 어디다 갖다 주고 와야 하는데 잠깐 갔다가 오면 안 될까요?"

"몇 시까지 오실 수 있어요?"

"금방이면 돼요. 바로 올게요."

"예, 그럼 그러세요. 다녀오시는 대로 수술할 테니 얼른 다녀오세요."

입원 처리는 되어 있는 상태에서 환자는 나갔다. 외래 진료 본 것에 대해서는 결제하지 않은 채...

4시

5시

5시 반이 되어도 환자는 오지 않았다.

"환자가 전화를 안 받아요."

간호사가 말했다.

'070으로 찍히니까 그럴 수도...'

좋게 생각하고 내가 직접 핸드폰으로 전화했다. 받는다.

"OOOO외과인데요... 안 오세요?"

"아... 제가 오늘 수술이 안 될 것 같아서..."

"왜요? 수술비는 나눠서 내셔도 된다니까요?"

"아 제가 직장에 말을 해야 하는데 그게 좀…"

"환자분, 이번 주말을 버티기 힘드실 거예요. 엄청 아프실 거라니까요."

"아, 예 예…"

건성으로 대답한다.

더 물어 봤자다.

이미 안하기로 마음먹었는데 설득한들 무슨 소용이랴…

"에휴… 예, 그럼 오늘 외래 보신 거는 결제를 좀 해주세요."

"예, 예, 가겠습니다."

전화를 끊었다.

"그 환자분 안 오실 걸요?"

간호사가 말했다.

"오겠대요."

"안 오실 걸요…"

"……"

"돈만 내러 다시 오겠어요?"

"수술 안하면 환자가 아무런 호전된 것이 없는 건데 자기가 무슨 이득이 있다고 그 돈 떼어먹겠어요? 아픈 건 계속 똑같은데..."

"안 올 걸요..."

결국 오지 않았다.

다음날...

아예 전화를 받지 않는다.

일요일이 지나고 월요일. 다시 전화를 했지만 역시 받지 않는다.

'돈도 돈이지만 버티기 힘들 텐데...'

뭐 자기가 알아서 하는 거지, 내가 뭔 오지랖이겠냐...

그런데 그 다음날...

왔다. 그 환자... 진료실로 들어오는데 엉거주춤... 의자에 앉지도 못한다.

"에구... 거봐요. 심해지실 거라니까..."

"......"

"얼른 오늘 입원하셔서 수술하시자구요. 오늘은 수술되시죠?"

"아뇨, 원장님. 오늘 못하고... 진단서만 좀 떼어주세요."

"진단서요? 왜요?"

"회사에 좀 내게..."

"회사요?"

"예, 제가 사실은 택시 운전을 하는데 이것 때문에 수술해야 해서 출근을 못한다는 진단서를 좀..."

"그럼 수술은 언제 하시게요?"

"내일 할게요."

"지금도 이렇게 심하신데 내일까지 또 버틸 수 있겠어요?"

"오늘 진단서 내고 내일은 꼭 수술받을게요."

"에휴... 알겠습니다. 오늘 수술 전 검사 받고 가시고 내일은 꼭 오세요."

"예."

어그적 어그적 밖으로 나갔다. 진단서를 받아야 하니 결제를 안 할 수가 없지...

다음날(수요일).

예정된 시간이 되었는데도 환자는 나타나지 않았다.

'이 냥반이 진짜...'

전화를 걸었다.

"오늘은 꼭 수술받기로 하셨잖아요. 왜 안 오세요?"

"이거 꼭 수술받아야 해요?"

"그럼요, 당연하죠. 수술 외에는 방법이 없어요."

"수술 안 해도 된다던데…"

"예? 누가요?"

"누가 그래요… 아시는 분들이…"

'아시는… 아는 이지 무슨 아시는… 에휴…'

"수술 안하고 약 먹고 훈증하면 낫는다던데…"

"훈증이요? 무슨 그런… 아니예요, 누가 그런…"

"사람들이 쑥으로 훈증하면 낫는다고…"

"아니예요. 이거는 반드시 수술을 받아야 해요. 수술 이외에는 방법 없어요. 지금까지 그렇게 고생을 하시고도 또 수술 안 받으시겠다구요?"

"훈증을 하니까 아픈 게 좀 나아져서…"

"그 때 뿐이잖아요. 훈증 끝나면 또 아프실 텐데?"

"……"

"지금 앉지도 못하시잖아요. 택시 운전도 못하고 계시지 않아요?"

"……"

"환자분, 저를 못 믿으시겠으면 저희 병원 말고 다른 병원에라도 가서서 물어보세요.

어느 병원도 이걸 수술 안하고 훈증만 하라 할 병원 없어요."

"아니, 뭐 원장님을 제가 못 믿어서 그런 게 아니라…"

"그럼 왜요?"

"수술 안하고도 좋아질 수 있다고 하니까…"

"아니라니까요, 안돼요. 수술받으셔야 돼요."

"훈증하니까 좀 나은데…"

"그 때 뿐이라구요…"

"이러다 좋아진다고…"

"안 좋아져요. 환자분, 제발 좀 비전문가 얘기를 듣지 마시구요, 의사 얘기를 들으셔야죠."

"……"

"환자분, 지금 열은 없어요?"

"……"

"열 있죠?"

"……"

"열이 나는 거는 더 심해졌다는 소리예요. 염증이 항문관을 따라 직장 쪽으로 더 따라 올라가면 심할 경우 패혈증이 와서 위험해질 수도 있어요. 더 늦기 전에 수술 꼭 받으셔야 된다니까요."

"열 나는 거는 제가 요새 좀 피곤해서 나는 것이고…"

"누가 피곤하다고 열이 나요? 항문 농양 때문에 나는 거라니까요."

"……"

"환자분, 저희 병원 아니어도 좋으니까 수술은 제발 좀 꼭 받으세요."

"이거 수술 안하고도 잘 나은 사람도 있다던데…"

"아니라구욧! 그런 사람이 어디 있어요? 설령 그런 사람이 있다고 하더라도 그건 그 사람이 운이 좋았던 거지 그게 환자분한테도 해당이 될지 안 될지 모르는 거잖아요, 제발 좀 의사 말 좀 들으세요."

"예, 예…"

또 건성이다.

"건성건성 듣지 마시구요, 수술 꼭 받으셔야 되는 거라니까요."

"아, 알겠어요, 알았다구요… 무슨 의사가 계속 겁만 주고…"

"예? 겁 주는 게 아니라 진짜 그런 거예요. 제 때 수술 안 받으면…"

"아, 알았어요, 알았어. 내가 알아서 할 테니 그만 하쇼."

"환자분, 환자분…"

뚜뚜뚜뚜뚜…

끊어버린다.

'젠장…'

#2

M/62(62세 남자 환자)

Rt. thigh 2nd degree Burn(우측 대퇴부 2도 화상)으로 내원.

Bullae(수포)가 매우 크다. 수포를 터뜨리고 silvadene(실바딘:화상 연고의 일종)과 화상 거즈로 dressing(상처 소독)했다.

"당분간은 매일 오셔서 소독받으셔야 해요."

"얼마나?"

"한 2주는 족히 걸릴 거예요."

"흐에...? 그렇게나 오래?"

"화상이 심하세요. 물집도 너무 커서 터뜨렸어요."

"물집 터뜨리면 안 되는거 아녀?"

"그건 물집이 작을 때나 그렇구요, 이렇게 물집이 크면 그냥 놔둬도 어차피 터지고 세균이 감염될 가능성이 높으니까 그냥 터뜨리는 게 나아요."

"으응..."

"우선 먹는 약 1주일 치 처방해 드릴 테니까 처방전 가져가시고 내일 또 오세요. 상처에 물 들어가게 하지 마시고요."

"그럼 샤워는 어떡혀?"

"당분간은 못 하시는 거죠 뭐..."

"어이구... 큰일 났네."

"내일 오세요."

2만 원 정도의 병원비가 너무 많다며 간호사와 옥신각신하더니만 결국은 내고 갔나보다.

그러고는 나도 잊어먹었다.

열흘 좀 더 지나서... 환자가 왔다.

"아니, 왜 이렇게 안 낫는 거여?"

"어... 그동안 안 오셨네요? 열흘 넘게?"

"뭔 열흘이 넘도록 낫질 않어? 더 심해졌어, 더..."

"그동안 왜 안 오셨어요? 상처 치료는 어디서 하셨어요?"

"집에서 헀지…"

"예? 집에서요? 어떻게요?"

"내가 그냥 헀지…"

"엥? 뭘로요? 약국에서 화상 연고 사셨어요? 그거 약국에서 안 팔 텐데… 전문의약품이라…"

"아니…"

"그럼요?"

"아, 뭐 다른 거 있어…"

"우선 한 번 볼게요. 침대로 올라가보세요."

누워서 바지를 내리는데 까맣게 때가 탄 EB(Elastic Band:탄력 붕대)가 wound discharge(삼출액:소위 진물)와 피로 젖었다 굳었다를 반복하여 딱딱하게 변해 있다.

"어이구… 이게 왜 이렇게…"

EB를 풀자 거즈도 없는 상처가 드러나는데 탈지면으로 붙여 놓아 솜이 잘 떨어지지도 않는다.

어렵게 어렵게 다 떼내고 나니 granulation tissue(육아 조직)으로 울퉁불퉁해진 상처에서 피와 진물로 뒤범벅된 이름 모를 액체가 흘러내려 미끌미끌하다.

210

"이게 뭐예요? 뭘 바르신 거예요?"

"달맞이꽃 기름..."

"에? 뭐요?"

"아, 달맞이꽃 기름, 달맞이꽃 기름... 몰러? 화기 빼는 데에는 달맞이꽃 기름이 좋잖어..."

"아니, 무슨... 이게 뭔, 어후... 와... 이걸 어떻게 이렇게...우와..."

말문이 막혔다.

"환자분, 이런 거 바르면 안돼요. 글구 병원에 왜 안 오셨어요? 제가 당분간은 매일매일 다니시면서 치료받으셔야 된다고 말씀드렸잖아요."

"아, 2주 동안이나 매일매일 어떻게 다녀? 그전에 보니께 뭐 별거 없더만... 그냥 약 쓱쓱 바르고 붕대 감고... 그걸로 끝이더만... 돈은 오지게 많이 받음시롱..."

"별게 아니라구요? 병원에서 쓰는 기구나 거즈, 붕대는 모두 다 소독된 거라구요. 화상 연고도 전문의약품이라 병원에만 있는 것이고 약국에서 환자가 그냥 살 수도 없어요. 글구 2만 얼마가 비싸요? 그게 비싸요?"

"그럼, 비싸지... 노인네가 뭔 돈이 있어?"

"그래서 병원 안 오시고 집에서 치료하신 거예요? 직접?"

"글지..."

"달맞이꽃 기름이 화상에 좋다는 것은 어디서 들으신 거예요?"

"누가 글더라고... 아는 사람이..."

"그 사람이 의사예요?"

"아니지…"

"의사가 얘기하는 것은 듣지 않고 의사 아닌 사람이 하라는 대로 하셨다는 거예요? 지금?"

"……"

"그러니 상처가 나을 리가 있어요?"

"아, 달맞이꽃 기름이 화상에 좋다잖어…"

"이게 지금 좋아진 거예요? 이게? 이렇게 2차 감염되고 육아 조직까지 올라와서 피가 질질 흐르는데?"

"그게 잘 안 낫더라고… 붕대가 오래 됭께…"

"아니, 무슨 붕대 탓을 해요? 달맞이꽃 기름은 뭘로 발랐는데요?"

"뭘로?"

"예, 손으로 그냥 바르셨어요?"

"그럼 뭘로 발러? 발로 발러? 허허…"

"지금 농담이 나오세요?"

"……"

"사람의 손은 세균 덩어리예요. 아무리 잘 씻어도 항상 일정 정도의 세균은 손에 있다구요.

그런 손으로 기름을 발라대니 그게 감염이 안 되고 배겨요? 지금 상처가 다 덧났잖아요, 이걸 어떡해요, 이걸, 지금…"

"아, 나야 그게 좋다고 하니께 바른 거지… 다른 사람들은 다 이거 발라서 나았다더만…"

"누가요? 누가 나았는데요?"

"아, 있댜... 누구 아는 사람들..."

"낫긴 뭐 개뿔이 나아요? 이거 지금 상처가 덧나서 2주는커녕 한 달도 더 걸릴 거예요.

약도 훨씬 더 오래 드셔야 되구요. 의사 말만 잘 듣고 치료만 받았어도 지금쯤이면 다 끝났을 텐데 이게 뭐냐구요, 지금, 이게~엣!"

"......"

"아, 암튼 이제 오랫동안 병원 다니실 각오하세요."

다시 치료를 하고 약을 처방해줬다.

그러고는 어떻게 됐냐고?

나도 모른다. 다음날에도, 그 다음날에도 오지 않았으니까...

진료를 하다보면 소위 '민간 처방'이 너무 많다. 과학적 근거는 고사하고 문헌에 나와 있는 것도 아닌데 그 처방이 마치 무슨 비법이라도 되는 양 맹신하는 사람이 너무 많다.

이 샤머니즘 주술 같은 민간 처방을 듣고 있자면 의학이라는 과학을 하는 입장에서는 한심하기 짝이 없지만 의학 교과서와 해부학 책을 보여주며 아무리 근거를 들어 얘기를 해도 믿지 않는다.

의사들이 자다가도 벌떡 일어날 정도로 치가 떨리는 그 유명한 '누가' 라는

사람은 의대 6년, 인턴 1년, 레지던트 4년, 군의관 3년을 마치고도 15년을
더 의사짓을 한 사람보다 훨씬 더 명의가 된다.

수술동의서에 자기 이름 하나 철자에 맞게 쓰지 못하는 사람들이 수많은
임상 경험을 익힌 전문가들의 조언과 지시를 무시한다.
왜 그럴까?
의학이 이 땅에 들어온 지 겨우 100년 조금 넘은 나라에서 조선 시대부터
내려오는 한방에 대한 맹신 때문일까?

조선 말기 전 국민의 평균 수명은 30세가 채 되지 않았고 구한말과 일제
시대를 거치면서야 겨우 들어온 근대적 의학에 의해 폭발적으로 평균 수명
과 삶의 질이 향상되었는데도 불구하고 여전히 과학적 학문을 불신한다.
그 이유가 뭘까?
그냥 싫은 거야... 그냥 이유 없이 싫은 거야...
자기 자신보다 더 많이 아는 사람, 또는 자신보다 권위가 높아 보이는 사람
에 대한 맹목적인 반감.
가뜩이나 잘 모르고 시기심 나는 사람인데 그 사람이 자신의 병을 치료할
수 있는 지식까지 가지고 있는 것이 싫은 거지...
그 사람이 자기보다 어리면 더 싫고, 그 사람이 자기보다 잘 생기면 더
싫고, 그 사람이 자기보다 잘 살 거란 생각에 더더더 싫어진다.

반면, 자기 주위에서 자기와 어울려 지내는(적어도 자신과 동급이라고 생

각하는) 사람들의 경우에는 그 사람이 무슨 허튼 소릴 하더라도(심지어 말도 안 되는 무속 신앙 같은 소릴 하더라도) 신뢰가 가는 거지...

정보의 내용과 신뢰성의 여부가 문제인 게 아니라 그 정보의 전달자에 대한 톨레랑스(tolerance), 지식의 정확도가 문제가 아닌 지식의 전달자에 대한 나의 친밀도가 신뢰를 구축한다.

소금물을 입에 분사하는 것이 코로나 예방에 도움이 될 것이라는 믿음은 그것을 뿌려주는 사람이 목사의 사모이기 때문에 생기는 것이고 소득 주도 성장이 모두 다 잘 사는 사회를 이루어줄 것이라는 믿음은 그 말을 하는 사람이 자신이 좋아하는 사람이기 때문이다.
같은 소득 주도 성장을 틀딱, 꼰대, 수구 보수, 친일 적폐가 말해도 그걸 믿을까?
이런 맹목적인 믿음은 이럴 수도 저럴 수도 있는, 소위 말해 '정답이 없는' 사안에서만 통하는 게 아니다.
"내가 믿기로 했으니 그것이 바로 진리야."
그 분께서 음성(negative)이라면 이건 음성일 수밖에 다른 결과가 있을 수 없다.

"과학적인 의심? 그딴 건 개나 줘버렷!!"

어린 아들의 안타까운 죽음이 '다행'이 되는 이유다.

국민이 모여 국가를 이룬다.

정답이 하나밖에는 존재하지 않는 과학의 영역에서마저 이러한 맹신이 존재하는 나라에 대해서는 단 하나의 말 이외에는 설명할 수가 없다.

"국민이 미개하니 국가가 미개하다."

비록 어린 친구였지만 세상을 보는 눈은 정확했다.

받아들일 자세가 되지 않은 대중에게 V narod movement(브나로드운동)인들 무슨 소용이 있으랴...

절대로 달라지지 않을 현실이 슬프다.

6

그걸 왜 몰라요? 의사가...

식욕을 억제하는 방식의 다이어트를 하다 보니 특별히 뭐가 입맛에 땡기는 것이 없었다.

물론 지금은 내성이 생겼는지 점점 먹고 싶은 게 생겨가지만 처음엔 소화가 잘 안되고 belching(트림)이 심해서 아무것도 안 먹어도 별로 힘들지 않았었다.

TV에 먹방이 나와도 시큰둥...

'뭘 꼭 먹어야 해? 귀찮아...'

하는 생각이 들었다.

조상 대대로 굶고 사는 게 일이라 우리나라 사람들은 인사말에도 '밥'이 들어간다.

"식사하셨어요?"

"언제 한 번 밥 먹자."

"밥은 먹고 다니냐?"

진료를 보다 보면 유독 뭘 먹어야 하는지, 뭘 먹으면 안 되는지를 물어오는 환자가 많다.

단순히 건강에 도움이 되는지를 알고 싶어서 물어오는 경우도 있으나 secondary gain(2차 이득)을 위해서 물어오는 경우도 있다.

수술, 특히 항문 질환을 수술하다보니 수술 후 통증이나 출혈의 가능성이 다른 질환보다 높아서 alcohol은 절대 금기인데 수술 후 2주 정도가 지나 살만하게 되면 남자 환자들이 물어보는 것은 온통 '술'이다.

"원장님, 저... 술은 언제부터 먹을 수 있나요?"

"항문 질환에 술은 쥐약입니다. 술 드시면 안 좋아요."

"알죠, 그렇긴 한데... 그래도 언제쯤...?"

"술 안 된다니까요."

"아니, 조금도 안 되나요?"

"조금이면 얼마나요?"

"한두 잔 정도..."

"환자분이 술 드시면 한두 잔만으로 끝내실 수 있어요?"

220

"...혜혜..."

"그렇죠? 그러니까 안 돼요."

"그럼 앞으로 평생 살면서 술은 안 된다는 거예요?"

(꼭 이렇게 극단적으로 말해서 의사를 몰아붙여 보려는 환자들이 있다. 그럼 내 대답은 이거다.)

"술 먹어도 된다고 하는 의사가 어디 있어요?"

"예?"

"수술이 아니더라도 세상에 환자에게 술 먹어도 된다고 하는 의사가 어디 있느냐구요?"

"아... 그렇긴 한데..."

"그쵸? 없죠?"

"아... 그래도 사회 생활하다 보면 안 먹을 수가 없을 때가..."

'누가 억지로 먹이는 경우보다 지가 좋아서 먹는 경우가 몇 백 배는 많으면서...'

"저는 환자분에게 공식적으로 술 드시라고 한 적 없습니다."

"예?"

"저는 환자분에게 공식적으로 술 드시라고 한 적 없다구요."

"예? 그게 무슨..."

"저는 환자분에게 공.식.적.으.로. 술 드시라고 한 적 없다구요."

"아... 아... 아...하... 알겠습니다."

"안녕히 가세요."

술 좋아하는 남자 환자들이 혼자 내원했을 때는 대개 이렇게 끝나는데 문제는 환자의 아내, 혹은 어머니가 같이 내원했을 때이다. 대부분 이런 분들은 환자보다 먼저 선수를 친다.

#1

수술을 받기 위해 내원.

환자에게 permission(수술동의서)을 받은 후 환자가 병실로 가서 iv line (수액 라인)을 잡고 있을 때가 point...

진료실로 쓱 들어오는 환자의 아내.

"원장님, 이 병에 걸린 게 술 때문이라고 애 아빠한테 말 좀 해주세요. 술 좀 꼭 끊어야 한다고... 절대 술 먹으면 안 된다고..."

"술 때문에만 그런 게 아닌데요..."

"아니, 그래도 술 때문이라고 해주세요. 애 아빠가 술을 너무 많이 마셔요..."

"아내분께서 직접 말씀하세요."

"내 말은 안 듣죠. 원장님이 말씀하셔야 듣죠. 원장님이 말씀 좀 해주세요."

"아, 왜 저를 물고 들어가세요..."
"에이... 그냥 좀 응? 응?"

이런 것 좀 부탁하지마라. 환자 앞에 가서 뜬금없이 술 얘기 꺼내고 나서 술이 원인이니 절대로 먹으면 안 된다고 말하는 게 얼마나 뻘쭘한 지 아느냐? 진료실에서는 아무 말 안하다가 갑자기 웬 술 타령이냐고...

강요와 협박에 못 이겨 할 수 없이 보호자와 '공동 정범'이 되는 원장.
환자 아내의 감시 하에 밍기적거리다가 어렵게 말을 뗀다.
(다 기어들어가는 목소리로...)
"환자분, 평소에 술 많이 드세요?"
"아뇨, 뭐... 별로..."
(환자도 딱 눈치를 깐 게지...)
"아니긴!! 맨날 허구헌 날 술을 끼고 살면서... 원장님, 이 냥반 삼시세끼가 술이에요. 혼 좀 내주세요!!"

내세운 앞잡이가 영~ 하는 모양새가 시원치 않으니 바로 지원 사격 들어오는 보호자.
눈을 찡긋찡긋한다.

'뭐, 어쩌라고...'
"원장님, 이게 술 때문에 생긴 거죠~~오~~ 그죠~~오~~"

"… 아… 예… 뭐… 그렇…죠…"
"거봐, 거봐, 거봐, 내가 뭐래? 술 때문이라고 했지? 내가?"
"……"

강요당한 공동 정범의 권위에 눌린 건지 수술을 앞두고 쫄은 건지 더 이상 환자는 대들지(?) 않는다.

#2

의사뿐만 아니라 누구라도 특히, 남자들에게는 소위 '존칭'이 민감한 사항이다. 쉽게 말해서 '반말'하면 '빠직' 한다.
그런데 진료를 보다보면 이게 모호한 환자가 많은데…

48세 남자 환자.

"어디가 불편해서 오셨어요?"
"항문이 좀 불편해서…"
"어떻게 불편하신가요?"
"내가 밤에 잘 때 항문이 가려워서…"
"예, 변 볼 때 뭐가 튀어나오는 것은 없나요?"
"응, 그런 것은 없어…"
'응? 뭐지?'

"변 볼 때 피는 안 나오나요?"
"응, 그런 것도 없고…"

'어라? 또…'

"변 볼 때 아프진 않으세요?"
"아니…"
"……"

("왜 반말하세요?"라고 물어보고 싶은데 아직 확실하지가 않다. 이럴 때가
제일 애매하다.)

"침대에 올라가서 벽 보고 옆으로 누워 보세요."

대부분의 초진 환자가 그렇듯이 lateral recumbent position(옆으로 누워
등을 동그랗게 말고 다리를 구부린 자세)을 잘 이해하는 환자는 없다.

"이렇게? 이렇게? 어떻게…?"
"벽을 보고 옆으로 누우시고 엉덩이를 뒤로 쭉 빼서 무릎을 가슴으로 끌어
안으세요."
"이렇게?"
'어어~ 계속 그러네…'

"예, 항문 검사 좀 하겠습니다. 좀 불편하실 거에요... 항문에 힘 빼시구요..."

anoscope(항문경)을 밀어 넣었다.

"으악!! 아! 아! 앗! 아이 씨..."
"예, 예, 좀 아파요. 조금만 참으시고 항문에 힘 빼세요. 항문에 힘주면 더 아파요..."
"아악!! 빼, 빼, 빼, 뺏!!"

'성질 하고는...'

자꾸 반말을 하는 것 같은데 이게 딱히 내 눈을 보며 대놓고 하는 게 아니라 감탄사 내뱉듯이 내지르는 듯하니 뭐라고 하기도 그렇고, 듣고 있자니 기분은 나쁘고... 참 애매하다.

"안쪽에 치질이 있어서 가려우신 거예요."
"아... 씨... 왤케 아퍼..."
역시 혼자 중얼거리듯이 말한다.

'나... 참... 반말 하려면 제대로 좀 하라구, 확 따져보게, 쫌...'
"항문이 가려운 원인의 대부분은 치질 때문에 그래요. 근데 치질이 있어서 가렵게 되면 그 다음에 환자가 하는 행동이 문제가 되는 건데요..."

(항문소양증 환자는 돈은 안 되는데 설명은 길게 해줘야 하는 환자라 그닥 반갑지는 않다.)

"항문은 대개 밤에 잘 때 가려워요. 그래서 환자분들이 자기도 모르게 팬티 위로 긁어요. 그럼 항문 주위에 미세하게 상처가 납니다. 여기에 감염이 되면 긁을 때는 시원한데 긁고 나면 더 가려워지는 거예요. 그럼 또 긁고, 긁으면 더 가렵고, 그러니 또 긁고... 그러니 더 가려워지고...
이렇게 계속 가려워지는 쪽으로 환자분들이 행동을 하는 겁니다.
환자분들이 대개 이렇게 생각하죠.
'아, 이게 내가 항문에 세균이 감염되고 지저분해서 그래. 세균을 죽이고 깨끗이 씻어야 돼.' 하면서 샤워기 뜨거운 물로 수압을 쎄게 해서 촤아아악 쏘죠. 그러면 세균이 죽기 전에 항문 살이 먼저 죽어요. 그럼 더 가려워지죠.
환자분들이 또 이렇게도 해요. 깨끗이 하겠다고 때타월에 비누칠을 해서 벅벅 문질러요. 그러면 미세한 상처가 또 생기고 그래서 더 가려워져요.
환자분들이 자꾸 긁다보니까 거기가 붓고 진물이 나서 축축해지거든요?
그러면 또 이걸 말린다고 헤어드라이어 뜨거운 바람으로 해서 위이이이잉
~ 말리죠.
그럼 또 더 가려워지는 거예요. 이렇게 환자분들이 자꾸 더 가려워지는 쪽으로 행동을 하죠.
자, 네 가지가 중요합니다.

첫째, 절대로 긁으시면 안돼요. 긁으면 도로아미타불이에요.

둘째, 좌욕을 하셔야 돼요. 뜨거운 물 말고 따뜻한 물, 38도에서 42도 사이 정도 되는 따뜻한 물을 떠놓고 깔고 앉으시는데 그냥 깔고 앉기만 하면 아무런 소용이 없어요.

항문에 힘을 빼고 엉덩이를 약간 벌려서 항문관 안으로 물이 들어갈 수 있게 하셔야 돼요. 이게 제대로 된 좌욕이에요.

가장 좋은 건 하루 네 번, 변 보면 한 번 더, 한 번 할 때마다 5내지 10분. 이렇게 해 주시구요.

셋째, 항문을 뽀송뽀송하게 말리셔야 되는데... 뜨거운 바람이 아니고 찬바람. 가장 좋은 것은 선풍기 바람인데요, 지금 겨울이라 선풍기가 없으니 부채로라도 찬바람으로 말려주셔야 돼요.

그러고 나서 연고를 바르시는 거예요.

그래서 절대 긁지 마시고, 좌욕하시고, 뽀송뽀송 말리시고, 연고 바르시고...

이렇게 해서 2주 정도 지나게 되면 저절로 가려운 게 없어져요. 그런데 그 중간에라도 또 긁으시면 몽땅 다 도로아미타불이에요. 절대 긁으시면 안돼요."

우다다다다 설명을 했다.

"응, 그러면 가려운 게 없어지나?"

(오케이, 걸렸다.)

"환자분, 왜 아까부터 계속 반말하세요?"

"예, 제가 언제 반말했다고 그러세요?"

말투가 확 바뀐다.

"지금 아까부터 계속 말이 짧으시잖아요. 응, 뭐뭐하나? 이러시고 아까 검
사할 때는 욕도 하시고…"
"욕? 무슨 욕?"
"아까 아이씨 하면서 반말로 빼, 빼, 빼… 이러셨잖아요."
"아, 그게 무슨 욕이라고… 그리고 그 정도는 반말이 아니지…요."

발을 뺀다.
그래… 매번 이렇지…

#3

의학이라고 하는 학문이 원래 서양 학문이고 우리나라에 도입된 것도 구
한말 선교사와 일본에 의해 들어온 것이라 역사적으로 봐도 우리나라에서
의학의 혜택을 보게 된 것은 100년 남짓인데 반해 의학이 들어오기 이전부

터 대대로 있어오던 한의학(?)이라는 의술 같기도, 무속 신앙 같기도, 무슨 점술 같기도 한 구전 처방술(?)의 근원이 의식동원(醫食同源 : 음식을 먹는 것과 병을 치료하는 것은 인간이 건강을 유지하도록 하므로 그 근원이 같다는 말. 이는 중국 고대의 사고 방식이다.)에 있다 보니 의학을 접하는 데 있어서도 환자들이 매우 궁금해 하는 것이 바로 '먹을거리'에 관련된 것이다.

인터넷, TV, SNS에서 넘쳐나는 이런 '음식'에 대한 기술을 보면 뭐 이런 거 저런 거 다 골고루 잘 먹으면 평생 살면서 어떤 병에도 걸리지 않고 불로장생할 수 있을 것처럼 보인다.

56세 남자 환자.
2016년에 Grade III int. hemorrhoid(3도 치핵)로 내원해서 수술을 권유했으나 refuse(거부)하고 약만 달라고 해서 타 갔다가 최근 다시 같은 주호소 증상으로 내원.
역시나... Grade IV mixed hemorrhoid(4도 치핵)에 thrombus(혈전)까지...
"이젠 정말 수술하셔야겠네요. 이렇게 심한데 그동안 어떻게 사셨어요?"
"뭐, 그냥 많이 안 아프니까..."
"이게 안 아프세요? 이렇게 혈전이 차서 땡땡 부었는데?"
"뭐 그렇게 심하게 아픈 것은 아니고..."
"이젠 정말 수술밖에는 방법이 없어요."
"......"

표정을 보니 아직도 수술을 안 하려는 모양새다.

"아직도 안 하실 거예요? 수술?"
"수술은 별로고... 약 좀 줘요."
"약 먹어봐야 듣지 않을 거예요.
먹는 약은 1도 치질에나 효과가 있지 환자분처럼 4도 치질이 되면 아무 효과 없어요."
"그냥 약만 좀 줘요. 바르는 거랑..."
"아니 왜 수술을 안 하시려는 거예요? 이렇게 불편하신데..."
"수술은 좀 그렇잖아요..."
"뭐가요?"
"수술은 사람의 몸을 상하게 하는 거라서..."
"......"
"수술을 하기 시작하면 계속 또 해야 되고 몸의 자기 치료 능력이 떨어져서 다른 병이 더 잘 생길 수 있으니..."

나, 원, 참, 별...
"아니, 그게 무슨 말도 안 되는... 환자분, 한의사세요?"
"아뇨."
"그런데 무슨..."
"아니 뭐 그런 건 상식이잖아요. 멀쩡하게 몸에 붙어 있는 것을 칼로 떼내는 게 뭐 몸에 좋겠어요?"

세상에... 치핵이 몸에 밀.쩡.하.게. 붙어 있는 거라니...

"그리고 제가 최근에 설사를 자주 했는데 그러고 나서 좀 더 심해진 거라 설사 안하면 좋아질 거 아녜요."

"설사는 왜 하셨는데요?"

"몰라요. 그냥 요즘 좀 했어요."

"뭐 특별하게 드신 음식이라든지 먹고 좋지 않았던 음식은 없었구요?"

"뭐 그런 건 없는데..."

잠깐 생각하더니...

"그래서 그런가?"

"뭐가요?"

"제가 몇 달 전부터 브라질너트를 하루 두 개씩 먹었는데, 최근에 하루 세 개를 먹어서 그런 건지..."

"브라질너트요?"

"예."

"그게 뭐예요?"

"브라질너트 몰라요? 브라질너트?"

"모르겠는데요. 무슨 견과류인가요?"

"아니, 무슨 의사가 브라질너트를 몰라?"

"하아... 나, 참... 의사면 브라질너트를 알아야 되는 건가요?"

"셀레늄이 많이 들어 있어서 항암 효과도 좋고, 면역력도 강화시키고,

피로 회복에도 좋고, 항산화 효과도 탁월하고,

정신도 맑게 해주는 음식인데...

몰라요? 암 세포 저격수라고 하는 건강식인데..."

"모르겠는데요."

인터넷으로 브라질너트를 찾아봤다.

뭐, 환자가 말하는 내용이 다 있긴 하더만...

무슨 블로그 같은 데서 주저리 주저리 써 놨는데

그 블로그의 메인 화면에 들어가 보니 브라질너트뿐 아니라 바지락, 곤드레나물, 청경채, 유근피, 달맞이꽃 종자유, 호두, 은행, 부처손, 신선초, 참마, 흰강낭콩, 미역귀... 심지어 쭈꾸미까지...

어김없이 연관 검색어는 '브라질너트 파는 곳'...

도대체 몸에 좋지 않은 게 없더만... 이거 다 먹으면 질병은커녕 슈퍼맨 되겠더라.

브라질너트에 대해서는 하루 다섯 개 정도가 적정량이라고 되어 있고 그 이상을 먹어 셀레늄을 과잉 섭취하면 위장 장애, 탈모, 구토, 복통, 설사 등을 일으킨다고 되어 있었다.

"다섯 개라는데요?"

농담조로 얘기했더니...

"아닌데... 두 개였는데..."

정색을 하고 다큐로 받는다.
'젠장, 두 개든 다섯 개든..'
"뭐, 암튼 브라질너트는 모르겠고 치질은 이미 환자분이 2016년에 오셨을 때부터 수술 이외에는 방법이 없는 것이었으니 수술하셔야 돼요."

환자의 표정은...
'아니, 브라질너트도 모르는 의사를 어떻게 믿고 수술을 해?'
라는 얼굴이다.
"결국 수술 안 하시게요?"
"약이나 좀 줘요."
"치질에 좋은 음식 드시면 되지 뭔 약을 드세요?"

빈정 상해서 틱틱댔다.

"어차피 약도 몸을 상하게 하는 것인데 뭘 약으로 치료하려고 하세요? 그냥 치질에 좋은 음식 찾아 드시면 되지."
"그냥 좀 줘요."

딱히 거부할 명분도 없고 어차피 안 하겠다는데 더 해줄 것도 없어서 처방전을 발행했다.

환자는 진료실을 나가면서 혼잣말로 중얼거렸다.

자기 맘대로 다 얻었으니 의기양양한 표정을 지으면서 말이다.

"의사가 브라질너트를 몰라..."

C8...

식품영양학과에 갔어야 하나?

고등학교 때.

같은 반 친구 중에 공부 잘 하고, 잘 생기고, 운동 잘 하고, 성격 좋고, 키크고, 글씨까지 잘 쓰는 녀석이 하나 있었다. 단 하나의 흠이라면 집이 좀가난했던 점인데

그건 뭐 우리집도 마찬가지라서 크게 흠 잡을 일도 아니었지.

당시 시내 고등학교 남학생이라면 '누구' 하면 다 알 정도의 예쁜 여학생과사귀고 있는 녀석. 우리 때는 철저하게 금기시되는 일이었지만,

그래서 이성 교제를 하는 녀석들의 대부분은 대학도 못가는 정도의 성적이었지만

이 녀석은(비록 재수를 했지만) 서울대 기계설계학과를 들어갔었다.

녀석의 인생에 있어서 가장 암울했던 시기인 재수생 시절. 고딩 때 사귀던그 예쁜 여자친구에게 차이기도 했지만 겨우 1년 후의 미래에 열릴 그 녀석의 앞날을 생각하면 뭐... 그따위 정도야...

비슷한(이건 전적으로 나만의 생각이긴 하지만…) 위치의 나로서는 이 녀석과 친하게 지내야 할지 척지고 경쟁자로 지내야 할지 망설여지기도 했다. (웃기는 거지… 주제도 모르고…)

그러나 이 녀석과 나는 좋은 관계를 유지했다. 배우려고 노력했다.

아니, 나는 이 녀석의 모든 것을 배우고 싶었으나 글씨체 이외에는 따라가기엔 너무 버거운 상대였지…

결국 이 녀석에 대한 열등감으로 점철되어 있던 나는 오히려 삼수를 해서야 겨우겨우 대학에 갔으니 그때의 열등감을 해소할 길이 영원히 없어 보였다.

수 년 전.

고등학교 졸업 후 거의 20년이 지나 어찌어찌 연락이 통해 만나게 된 녀석을 보고는 잠시나마 예전의 열등감을 해소할 수 있었다.

뭐냐구? 대머리가 됐더라…

어쨌든…

열등감이 없는 사람이 있을까? 자부심에 똘똘 뭉친 사람이라고 하더라도 누구나 저보다 잘나 보이는 사람 앞에서 자신만이 아는 마음 속 깊은 곳에서조차 전혀 아무렇지도 않은 사람이 존재할까? 그건 아니라고 본다.

오히려 적당한 열등감은 본인의 계발을 촉진하는 적당한 촉매제가 아닐까?

의사가 뭐 대단한 것은 아닌데 그래도 남들보다 좀 더 배우고(사실 성격

개판인 의사도 많지만...) 좀 더 이성적일 수 있는 사람들이라서, 또는 (사실 쥐뿔도 없는데) 경제적으로 더 넉넉할 수 있는 사람들이라고 생각해서인지 의사에 대해 열등감을 가지고 처음부터 적대시하는 사람이 많다. 당연히 그런 사람들의 반응은 호의적이지 않다.

'내가 비록 아파서 너한테 왔다만 틈만 보이면 널 깨부셔 주겠어...'
라는 생각하고 있는 사람.
이런 사람들이 환자로 오면 흔히 듣게 되는 말들이다.
"그런 것도 몰라요? 의사가?"

'나도 아는 것을 의사인 네가 모르다니, 너 참 별거 아니구나...'
라는 자기 위안이 깔려 있다.
막연한 열등감을 잠시나마 해소하면서 느껴지는 쾌감.
다시 예전 얘기로 돌아가서...
내가 그때 그 녀석에게 본받으려 하지 않고 척을 지고 살았다면 내가 지금보다 더 나은 삶을 살고 있었을까?
모든 환자에게 선의로 시작하는 의사를 이용해 먹으려 하고 자기 편한 대로 생각하고 깔아 뭉개보려 하는 것이 당신에게 무슨 도움이 되나?
잠시 잠깐의 열등감 해소가 그로 인해 발생하는 당신에 대한 의사의 편견이나 거부감을 상쇄할 정도로 당신에게 이익인가?
누가 의사 앞에서 꿇으라고 했나? 아니지 않나... 그냥 보통의, 상식선의 예의로 대하면 된다.

"의사니까 당연히 감내해야 한다."

이런 개소리는 집어치워라. 당신보다 못난 의사는 없다. 당신이 느끼는 그 대로와 같이...

7

그게 C8 니 돈이냐?

"니 돈으로 누구 월급 줘 본 적 없으면 얘길 하지마라."

참으로 맞는 말이다. 나 역시 페이닥터를 할 때는 잘 몰랐다. 이게 어느 정도의 무게로 다가오는 말인지...

개원해서 직원 꼴랑 몇 두고 월급 주는 입장에서도 월급, 상여금, 명절수당, 4대보험, 식대까지 챙겨야 하는 것이 얼마나 힘 팽기는 일인지 뼈저리게 겪고 있는데 일반 사기업에서는 오죽하겠는가?

그러니 제 돈 아닌 국민 세금으로 따박 따박 월급 받아 챙기는 공무원들을 보면 분노에 치가 떨린다. (내 친형도 공무원이라 이런 어려움에 대해 공감을 전혀 못하더라만...)

비단 월급뿐만 아니라 여러 가지 예산 집행 과정에서 일어나는 유착과 비리는 얼마나 어마어마할까 하는 생각은 나만의 생각이 아니지 않을까?

#1

내가 공중보건의 시절 몸담았던 지방의 보건의료원은 말 그대로 보건의료원이라 처음 부임해서 시설을 보고는 깜짝 놀랐었다.
외래, 병실, 응급실(정확히는 야간진료실), 수술실까지 다 구비되어 있고 수술실에는 각종 기구가 모두 비치되어 있는데도 그동안의 전신 마취 수술 건수는 0.
국소 마취의 수술도 대부분 외래나 응급실에서 이루어지는 간단한 봉합술 정도였다.

나 부임 전에 외과 의사가 없었던 것도 아니었으나 아마도 공중보건의라는 신분의 특성상
적극적인 수술을 시행하려 하지 않은 탓도 있었을 것이다.
수술 열심히 한다고 누가 표창을 주는 것도 아니고 인센티브가 있는 것도 아닌 데다가 자칫 잘못하면 모든 문제를 공중보건의가 옴팡 뒤집어 써야 하는 시스템 때문에 수술이 필요한 환자의 경우 인근 소도시의 지방공사 의료원으로 죄다 전원해 왔던 터였다.

간단한 수술(탈장, 맹장염, 치질) 환자도 전부 전원해야만 하는 현실이라

는 것이 참 마음에 들지 않았다.

그 지역의 특성상 군내의 외곽 지역에서부터는 승용차로 한 시간 반이 넘게 타고 나와야 겨우 보건의료원에 올 수 있는 환자를 간단한 수술 하나를 못해서 다시 전원해야 한다는 게 이제 막 전문의가 되어 수술의 물이 한창 올라 있는 외과 의사에게는 이해 못할 일이었다.

"형, 이거 말이 되는 거요? 기구도 다 있고 전신마취기에 벽 매립형 가스 시스템까지 다 있으면서 왜 수술을 안 하는 거예요?"
의국 2년 선배이자 보건의료원장인 선배에게 물었다.

"하려고 하는 사람이 없어서 그렇지. 공보의가 누가 수술을 하려고 하겠냐? 그냥 편하게 있다가 가려고 하는 거지."
"아뻬(맹장염), 허니아(탈장), 헤모(치질)도 못해서 다 보내는 건 좀 아닌 것 같은데... 기구도 다 새 거더만..."
"그건 다 공무원들이 규정에 맞춰 그냥 구비해둔 거지."
"내가 할게요. 수술합시다."
"정말? 니가? 진짜로?"

반색했다.

"그래요, 근데 지금은 복강경 기계가 없으니 군청에 얘기해서 좀 사달라고 하고, 마취는 OO면에 나가있는 OOO가 마취과니까 걔보고 하라고 합시다."

"어, 그래 그래. 내가 군수님께 얘기해서 복강경 기계를 사달라고 할게."

마취과 녀석은 내가 술 사주며 구워삶았다.

그 당시 복강경 기계를 취급하는 회사는 크게 세 개가 있었다.
S사, M사, W사. 물론 가장 좋은 기계는 S사로 알려져 있었으나 그렇다고
다른 회사의 기계들이 쓸 수 없을 정도의 쓰레기는 아니다.
S사의 기계가 가장 좋은 것은 말할 나위도 없으나 그 비싼 돈을 주고 살 필
요까지는 없었다.

예산을 집행하는 보건의료원 내의 공무원들이 복강경 기계에 대한 지식이
있을리는 만무했으니 주로 그 기계를 쓰게 될 나에게 문의를 해왔다.
담당 공무원에게 S, M, W사 모두를 가르쳐주고 모두에게 팜플렛과 견적서
를 받아보라고 했다.

"어느 게 가장 좋아유?"

"S가 가장 좋기는 한데 너무 비싸요. M이나 W사의 기계로도 충분히 수술
은 가능하니 우선 가격부터 받아보시고 결정하세요."

"그냥 S로 사면 되는 거 아닌감유?"

"비싸다니까요. 재정 자립도가 이렇게 떨어지는 군에서 뭐 구태여 그런 비
싼 기계를 사요?"

"괜찮아유, 그런 건 과장님이 걱정하실 게 아니유."

"뭐 암튼 견적부터 받으세요.

아, 그리고 대부분의 회사가 다 처음부터 가격을 엄청 높여서 견적을 내오니 무조건 가격 네고를 하셔야 할 거예요. 그 돈 다주고 사면 완전 호구예요."

"아, 그류...?"

그때는 왜 그 담당 공무원이 반색하는지 알지 못했다.

얼마 후 세 개의 회사 모두 견적을 뽑아왔다.

복강경 기계 본체와 두 세트의 instrument(수술 기구)를 포함한 가격 견적.

S사 : 1억 2천만 원

M사 : 7천만 원

W사 : 5천5백만 원

"헐..."

물론 모두 다 중고가 아닌 신품이라서 비싼 면이 있겠지만 그래도 이건 아니었다.

"너무 말도 안 되는 가격이네요."

담당 공무원(기억에 '주사'였던 것 같은데...)에게 얘기했다.

"S사는 너무하네요. 이건 탈락... 아주 뭐 호구로 보는구만... M사로 하면 될 것 같은데 역시 이 가격은 너무 비싸요. 3천만 원이면 뒤집어 쓸 기계를 두 배가 넘게 달라고 하다니...
가격을 반으로 후려쳐 보세요. 그래도 주겠다고 할 겁니다."
"예, 알았슈..."

세 가지 기종은 모두 써 본 경험이 있었으나 솔직히 W사의 기구는 쓰기 불편했었다.

2주 쯤 지났을까? 복강경 기계가 들어왔다.
수술실에 설치하는 동안 기구 점검을 하러 수술실로 올라갔다. 담당 공무원도 와 있었다.

"얼마에 샀어요?"
"7천이유."
"예? 왜, 왜... 왜요? 3천이면 뒤집어쓴다고 제가 말씀 드렸잖아요. 그걸 왜 달라는 대로 다 주고 사요?"
"견적이 7천이었잖유..."
"그건 걔네가 덤탱이 씌운 거라니까요. 누가 이걸 7천이나 주고 사요?"
"아, 과장님은 아실 필요 없슈... 구입하는 거는 우리가 하는 거니께유..."

옆으로 흘끗 쳐다보고는 딴 데를 보면서 얘기한다.

"……"

기가 막혔다. 심증은 충분하지만 물증이 없는 상태. 3년 한시적으로 있다가 가는 공보의 정도야 그들에게 있어 무엇이 두렵겠는가?

'이렇게 새는구나...'

어리숙한 모습, 더 어리버리한 행동, 순진해 보이는 말투. 그러나 내가 간과한 것이 있었으니... 그는 공무원이었다. 3년 동안의 수술 갯수는 7천만 원을 뽑고도 남음이 있었으나 역시 나에게 주어지는 인센티브는 없었다. 뭐 처음부터 그걸 바라고 한 것이 아니었으니 상관없었다.

공중보건의는 분류상 보건복지부 소속 별정직 5급 공무원 신분이다.
5급이면 꽤나 높은 것이고 특히나 중앙부처 소속 공무원이니 지방직 공무원보다는 그 위상이 높다고 생각했으나 지방 토호 세력이나 다름없는 지역 공무원들에겐 공보의는 그저 군바리였다.

#2

보건의료원에 있으면서 수술 이외에도 건강검진을 담당했는데 위 내시경을 주로 했다.

하루는 속이 자주 쓰리다는 여자 환자 하나가 내원했다.
위 내시경을 하는데...
난 그거 실제로는 그때 처음 봤다.

Anisakis... (고래회충:이게 뭔지는 각자 찾아보시라...)
내시경 겸자로 제거하고 나서 환자를 보내고는 생각했다.

'아... 해안 근처의 지역이라서 anisakis(고래회충) 감염율이 높을 수도 있
겠다.'

공보의의 임무가 무엇인가? 국민의 공공 보건을 위해 힘써야 하는 사람이
아닌가?
국민 건강에 이바지하겠다는 의지가 불타올랐다.
그러나...괜한 뻘짓을 하지 말았어야 했다.

내시경으로 찍은 사진과 anisakis specimen(고래회충 검체)을 가지고 보
건사업과 과장을 찾아갔다.

"OO면 환자 내시경에서 나온 고래회충입니다. 이 기생충에 감염된 어류
를 날것으로 먹고 생기는 병입니다. 우리 군 지역은 어촌이 많고 어업에

종사하는 사람이 많아서 감염자가 더 있을 수 있습니다. 이걸 보건사업으로 하면 어떨까 해서요..."

"어이구, 그류... 과장님이 좋은 아이디어를 내셨구먼유... 그럼 이 사업을 해보쥬...

사업을 하려면 윗선에 사업계획서를 내야 하는디 과장님이 이 내용을 보고서 형식으로 좀 써서 사업의 필요성에 대해 좀 써 주시믄 어떻겠슈?"

"그러죠 뭐..."

사업 개요, 예상되는 현실 감염 가능성, 사업 당위성 등에 대해 보고서를 작성해서 제출했다.

(anisakis(고래회충)는 구충제로 박멸되는 것이 아니고 반드시 내시경적 제거술로만 제거가 되는 기생충 질환이다. 그러므로 감염 의심자, 또는 전수 조사에서의 모든 대상에게 내시경 시행은 필수적이다.)

어업에 종사하는 사람들 뿐 아니라 군민이라면 되는 데까지 내시경을 무료로 해 보자는 취지의 보고서를 썼다. (미쳤던 거지...)

보고서는 이후 공무원의 사업계획서 형식으로 군청에 상신되었다.

얼마 후... 사업 시행 인가가 떨어졌다.

"아주 훌륭하신 생각이라고 군수님께서 칭찬하셨구먼유..."

보건사업과 과장의 입은 찢어질 듯했다.

사업 시행 공문.

대상자 : OO군 내 공무원 전원.

'헐…'

"어? 대상자가 왜 이래요?"

"왜유?"

"일반 군민이 아니고 공무원만이요?"

"예, 왜유?"

"아니, 군민 중에 어업에 종사하는 사람이 많으니 혹시 기생충에 감염되어 있을까봐 하자고 말씀 드린 건데 왜 공무원을 해요?"

"아유, 공무원들도 회 많이 먹어유."

"아니, 누가 뭐래요? 그냥 군민으로 대상자를 정하고 공무원도 와서 받으면 되지 왜 공무원만 대상자로 하느냐구요…"

"에유… 그니들은 바뻐서 오라구 혀도 못 와유… 그냥 그러니께 군청 공무원 대상으로만 하자구유…"

"아니, 그런 게 어딨어요? 제가 공무원 분들만 좋자고 이 사업을 하자고 한 게 아니잖아요."

"과장님, 뭔 말씀을 그렇게 하신대유…

우리 공무원들도 매일 군민들을 위해 열심히 일허고 있다구유…

이 기회에 군 공무원을 위해 과장님이 수고 좀 해 주시믄 안 되는 거여유?"

"……"

대꾸할 말이 없는 게 아니고 기가 막혀서 말을 못했다.

"걍 허세유, 군수님도 좋아하셨다니께유…"

보건의료원의 보직은 군청 보직에 비해 한직에 속한다.

즉, 군수에게 밉보이거나 인사고과에서 좋은 점수를 받지 못한 공무원들이 쫓겨가는 보직이었다.

그러니 이 보건사업과 과장은 자신의 업적을 세우기 위해 얼마나 좋은 호구를 물었던 것인가…

게다가 사업비까지 타 냈으니 그에겐 이만한 먹을거리가 웬 떡 아니었겠나? 내가 등신이었다.

그렇게 난 또 공무원에게 속아서 100여 명의 위 내시경을 했었다. 물론 anisakis(고래회충) 감염자는 한 명도 없었다. 젠장…

#3

보건의료원의 응급실(야간진료실)에는 따로 당직을 서는 공보의로 이루어진 팀이 있었다.

대개는 밤에 환자가 와봤자 열 명 안쪽으로 오는데 진짜 응급 환자는 별로 없었다.

그러나 아주 가끔이지만 심각한 환자가 내원할 때도 있었는데 그런 환자 중에 대부분은 TA(Traffic Accident:교통사고) 환자와 DI(Drug Intoxication:약물 중독) 환자이다.

하루는 일과가 끝나고 관사에 사는 공보의들끼리 읍내 PC방에서 스타크래프트 팀플레이 중이었는데 의료원으로부터 모두에게 전화가 왔다. 응급실 진료를 커버해달라는 전화.

"당직 선생님은요?"

"당직 선생님이 응급 환자 이송에 동행을 하셔야 해서유…"

"예? 웬 이송 동행? 무슨 환자인데요?"

"교통사고 환자유."

"바이탈이 흔들리나요?"

"아뉴"

"그런데 왜요?"

"군수님 아들이예유…"

'헐…'

"천안 큰 병원으로 이송하는 거니께 당직 선생님이 돌아오실 때까지 과장님들이 좀 들어오셔서 응급실 좀 봐주셔야겠슈…"

누구를 특정해서 응급실 독박을 서게 할 수도 없는 노릇이라 공보의 모두가 들어가서 환자에 따라 자기 과목인 사람이 진료하기로 했다. 의료원에 들어와 보니 공무원들은 전원 출근해 있었다. 환자는 이미 이송을 갔는데 왜들 나와 있는 건지…

모르는 바는 아니다. 군수한테 잘 보이려고 하는 짓이지…

시골에서의 군수는 그 지역의 황제나 마찬가지였다.

의사 당직실에 여덟 명의 의사가 모여 플레이스테이션 위닝 일레븐 게임을 하면서 전원 당직. 갑자기 원무과장이 당직실로 들어왔다.

"어이구, 과장님들이 졸지에 수고하시네유…"

"……"

"지가 과장님들 드시라고 야식을 좀 시켰어유…"

'지 돈으로 시켰나? 공금으로 시켰지…'

잠시 후 배달이 왔는데 부루스타까지 들고 와서 커다란 냄비를 올려놓는다.

"보신탕 좀 준비했슈…"

하더니 소주까지 여러 병 꺼낸다.

"한 잔씩들 받으슈…"

"저희는 환자 봐야 돼서 술 마시면 안 됩니다."

"아유, 괜찮아유… 조금만 드시면 되쥬…"

"조금도 안 되죠. 환자 진료할 때 술 냄새 풍기면 되겠어요?"

다들 보신탕을 싫어하는 데다가 보신탕보다 더 싫어하는 원무과장이 같이 술을 마시자고 하니 누가 먹겠는가? 더구나 진료 보러 들어와 있는 것 아닌가?

원무과장은 지 혼자 잘도 처먹더라. 혼자 처먹으려면 딴 데 가서나 먹지.

도대체가…군수 아들 다쳤다고 당직 의사가 응급실 비우고 이송을 따라

가야 하는 것도 웃기고 그 밤중에 공무원들이 다 나와 있는 것도 웃기고 일단 나왔으면 엄연한 비상 근무일 텐데 소주에 보신탕 먹는 것도 웃기더라.

그 와중에 손등 혈관 인식기로 비상 근무 확인은 한 명도 빠짐없이 다 하더만…

하는 일 없이 빈둥거리면서도 초과 근무 수당은 받으려는 거겠지…

하긴, 평소에 칼 퇴근하고나서 집에 갔다가 저녁밥 먹고 10시쯤 어슬렁거리며 다시 와서 손등 찍고 가는 것들이 이런 상황에서 초과 근무 수당을 챙기지 않으면 더 이상하겠지.

OO군의 재정 자립도는 30%도 안 되었다.

백 날 천 날 일 해봐야 10원 한 장의 부가가치도 생산하지 못하는 공무원들이 나라의 부를 창출해내는 국민들로부터 빼앗은 세금으로 지들만의 부를 쌓아가는 행태를 보면 조선 시대나 현재나 별반 다를 것 없는 듯하다.

언젯적 의사들을 아직까지도 울궈먹어서 자신들을 치료해주는 의사를 마치 돈만 밝히는 비양심적인 집단으로, 모든 의사를 엄청 돈을 잘 버는 이기적인 집단으로 매도하면서 정작 해주는 일 없이 하지 말라는 규제만 잔뜩 만들어가는 거머리 같은 공무원들에 대한 비판은 하지 않는다.

어느 누구부터랄 것도 없이 맨 밑바닥 공무원부터 윗대가리 공무원 한 명까지 다 썩었다. 국민을 잘 살게 하겠다는 목민관으로서의 공무원은 단 한 명도 없어 보인다.

그저 눈먼 나랏돈으로 나 하나의 안위만을 생각하고 복지부동으로 자리 보전만 꾀하는 공무원들 때문에라도 이 나라는 멀었다. 아니 더 퇴보하고 있는 중이다.

공무원들의 비리와 복지부동을 보면서도 다시 그 공무원이 되려고 매달리는 젊은 공시족들을 보면 이 나라는 미래도 없어 보인다. 그렇게도 기생충이 되고 싶나?

"대부분의 공무원은 그렇지 않아. 몇몇 소수의 공무원만이 그런 거야... 공무원들을 다 도매금으로 싸잡아 욕하지 마라."

이렇게 말하는 사람도 있을 거다.

뭐, 좋다. 그럼 단어 하나만 바꿔서 똑같이 말해볼게.

"대부분의 의사는 그렇지 않아. 몇몇 소수의 의사만이 그런 거야... 의사들을 다 도매금으로 싸잡아 욕하지 마라."

이 말에도 동의하나?

동의하면 의사 욕 좀 하지 말고, 동의 못하면 모든 공무원도 썩었다는 것을 인정해라.

제발 동일한 기준을 갖다 대라고... 좀 하나만 하자, 하나만.

이 나라의 공무원들아...

내가 니네들 월급 주는 거여, 그거 알기나 하냐? 그게 C8 니 돈이냐고…
내 돈이여, 내 돈… 이 도둑놈들앗!

8

니들이 다 이렇게 망쳐놨어...

지금까지의 많은 내 포스팅에서도 얘기했었지만

나는 나의 두 딸이 의사가 되겠다고 하지 않는 것도 참 다행이라고 생각하고, 설령 성적이 돼서 의대에 진학하겠다고 해도 말릴 생각이고, 나중에 의사를 사귄다고 해도 도시락 싸들고 따라다니며 말릴 거다.

내 이 말을 내 페친들은 어떻게 생각할까...

일단 의사가 아닌 페친들은 이해하기가 힘들 것 같고 의사인 페친 중에서도 비보험과 선생님들은 갸우뚱 정도... 보험과 의사들은 동의하시지 않을까... 아무리 현실을 얘기해도 믿으려 하지 않는 것은 비단 모르는 사람들뿐만이 아니다.

나는 형제라고는 딱 하나. 18개월 차이의 형님이 한 분 있다. 국가의 녹을 받아먹고 사는 공무원이다. 그 형님에게는 아들이 둘 있는데 그 중 큰 아들이 의대에 갔으면... 하는 생각인 것 같다.
같은 계열의 교수인 형수도 생각은 같은가보다.
심지어 이렇게 말한다.

"큰조카를 의대 보내서 자네 같은 외과 의사를 만들어주게..."

헐... 진짜 헐이다, 헐...
내가 조카를 무슨 수로 의대에 보낼 것이며 설사 그럴 수 있다고 한들 왜 외과를 선택하도록 하겠나...
내 대답은 이랬다.

"아니, 형님. 지금 제 꼴을 보시고도 OO이를 의대에 보내고 싶으세요?"
"자네 꼴이 어때서?"
"제 꼴이요? 보고도 모르세요? 남들 안하는 힘든 외과를 겉멋만 들어 선택했다가 개원해서도 비리비리하고 돈도 못 벌고 남의 똥구멍이나 쳐다보고 있는데 이게 좋아 보이세요?"
"에이... 못 벌긴 뭘 못 벌어...? 엄살은..."
"예? 엄살이요? 하아... 나... 참..."

하도 믿질 않으니 조카에게 직접 말했다.
"OO아... 작은아빠 짝 나는 건데 그렇게 의대에 가고 싶니?"

"그냥, 뭐 관심이 있어서..."

그닥 절실해 보이지 않는데...

"어헛!! 뭐 자네 짝이 어때서 애한테 그런 말을..."

형님이 정색을 하고 나무랐다.

내 피붙이조차도 못 믿는데 누가 우리 말을 믿어주겠나 싶다.
내 배를 열어서 보여줘야 믿으려나? 아, 아니다... 그것으로는 부족하겠다.
가슴도 열고 머리도 까야겠구만...

"정 그렇게 개원 의사가 힘들면 교수로 가지 그랬나..."
"......"

내가 가끔 생각하는 게... 내가 친동생이 맞나? 하는 느낌...
아예 대놓고 뼈를 때린다.
누군 교수가 싫어서 안 한 거냐고... 뭐 의대는 다 자기가 남아서 교수 하
겠다고 하면 "감사합니다. 어서옵쇼..." 할 것 같나?

고등학생 때...
형님은 꽤 공부를 잘했고 상대적(?)으로 나는 못했다.(음... 절대적일 수도

있다.)

그런 공부 못 하던 동생이 의대 가서 의사가 되는 것을 보니 의사 되는 게 별 것 아니라고 생각하는 건지...
아니, 의대 공부와 트레이닝 과정의 실상을 다 알고 있다고 하더라도 왜 굳이 의대를...

자기 새끼가 개고생하고도 제대로 대우받지도 못하고, 배운 것의 10분의 1도 써먹지 못하며, 환자들이나 보호자들에게 먹살 잡히고, 허구헌 날 삭감의 공포에 살아가는 모습을 보고 싶은 건가?
아님... 당근 교수가 될 수 있을 거라 생각하나? 우리처럼 빽도 없고 줄도 없는 개천 출신들이...? 문과라 아무리 이쪽 계통의 생리를 모른다고 하더라도 이리도 모를 수가 있을까...

가족 모임이 있을 때마다 아무리 개원가의 현실을 얘기해도 믿질 않는다.
심지어 내 얘기가 길어지고 피를 토하는 심정으로 목소리가 커지면
결국엔...

"그런 소리 하는 것 아니야..."
하는 어머니의 훈계가 나온다. 믿기는커녕 들으려 하지도 않는다.
"자, 자... 이제 그만하고... 알겠네, 알겠어... 허허..."
형님의 중재(?)가 끼어든다.

알긴 뭘... 개뿔... 표정은 어디서 많이 보던 표정.

(토론 프로그램에 나온 유시민 같은...)

미칠 노릇인 거지...

일 년에 몇 번 없는 가족 모임이지만 솔직히 모일 때마다 반복되는 질문들이 듣기 싫다.

그 질문이 나오게 되면 대화의 진행은 항상 같은 코스를 겪는다.

"어때? 요즘 병원은 좀 잘 되니?"

"아뇨, 죽겠습니다."

"에이... 나 달라고 안 할 테니 솔직히 말해도 돼..."

"하아... 안 된다니까요... 정말이에요..."

"에이... 괜찮아 사실대로 얘기 해...

우리 달라고 안 할게..."

"......"

어머니든 형님이든 다 똑같은 말이다...

내가 잘 번다고 얘기하면 뺏길 거라고 생각해서 엄살을 피운다고 생각들 하시는 모양이다.

사실을 사실로 믿지 않으니 더 무슨 말을 하겠나?

그런데 가끔... 이것보다 더 뻑가는 말들을 듣곤 하는데...

형님은 나랏돈으로 미국에서 1년간 연수를 받았고 형수는 법인 돈으로

1년 반 동안 미국에서 연수받은 적이 있다. 서로 다른 시기에 말이다...
2년 반 동안 미국에 살았던 거지... 그때를 회상하면 꽤 즐거웠었나 보다.

가끔 나에게 이런 말을 하기도 한다.

"그때 자네도 좀 놀러오지 그랬어... 내가 미국에 있으니 놀러와서 같이 여행도 다니고 했으면 좋았잖아..."

헐... (2)

당시 나는 페이닥터였다. 1년에 통틀어 닷새의 휴가를 받는다.
운이 좋아 연휴에 껴서 최대로 휴가를 받아봤자 이레. 미국에 놀러가? 무슨 수로...

"추석이나 설 연휴 때 붙여서 가면 열흘 이상은 갈 수 있지 않나요?"
라고 물어보실 분들 계실까?

그럼 병원 콜은? 연휴 기간에 병원에 얼마나 많은 환자가 오는 줄 아나? 연휴 기간에는 개인 의원들도 다 쉬기 때문에 개원가로 갈 환자들도 다 응급실로 온다.
뭐? 응급 수술 안하고 다 큰 병원 보내버리면 되지 않느냐고? 연휴 끝나고 병원장이 보고받고 퍽이나 좋아하겠다...

잘리고 싶냐?

다른 당직 의사? 걔는 연휴 동안 계속 콜받고 싶겠나?

그리고... 그럼 미국에서 차례 지내라는 거야?

또 이런 것도 물어 보더라...

"자네 병원은 미국에 1년간 연수 보내주고 뭐 그런 시스템은 없나? 안식년
처럼 말이야..."

헐... (3)

일부 몇몇 정형외과 전문병원에서는 그런 경우가 있다고는 하더라만, 그
건 돈 벌어주는 정형외과나 가능한 얘기다. 돈도 못 벌어주는 외과 수술
수가에 그런 요구가 가당키나 하겠나?

아들이나 동생이 개원해서 잘 안 된다는 얘길 들으니 그닥 기분이 좋지는
않으신 모양이다.

그래서 그 안 좋은 기분을 다시 내게 projection(투사)한다.

"그러게 왜 개원을 해서 사서 고생이야? 그냥 계속 페이닥터하면 좋았잖
아..."

헐... (4)

페이닥터는 내가 원하기만 하면 천 년 만 년 할 수 있는 거라고 생각하나?

내 나이 낼모레면 50이다. 개원할 때 나이가 마흔넷.

그래... 지금까지 페이닥터를 했다고 치자. 언제까지 할 수 있을 것 같나?

새로운 외과 전문의는 끊임없이 배출된다. 그들은 페이가 훨씬 적지.

이제는 노안이 와서 안경을 벗지 않고는 stitch out(실밥 풀기)도 할 수 없는 나이가 되었는데 아이들은 이제 한창 돈이 들어가야 하는 시기이다.

내 월급에 조금만 더 주면 페이닥터 두 명을 쓸 수 있는 원장 입장에서 언제까지 나를 고용하고 있을 것 같나?

"엄 과장, 그동안 수고했네... 이번 달 말까지만 해주게..."

내 나이 50이 넘은 어느 날, 갑자기 병원장이 불러서 말한다면 나는 그 병원에서 나와서 어디로 가야 할까? 누가 50 넘은 외과 의사를 받아주겠나?

그러기 전에 잘릴 위험 없는 직장이 필요한 거다. 물론 잘릴 위험은 없어졌지만 망할 위험이 새로 생기긴 했다...

자...

그럼 다른 외과 의사들은 어떻게 살까?

많은 사람이 '외과'가 뭐하는 과인지 잘 모르고 피상적으로만 알고 있어서 외과 의사를 '찢어진 곳 꿰매는 의사' 정도로만 아는 사람도 많다.

심지어

"왜 위암을 외과에서 수술해요? 내과에서 해야지…"
라고 말하는 사람도 부지기수다.

간단하게 얘기해줄게…
인간의 몸에 생기는 암의 80% 정도를 수술하는 게 외과 의사다.
위암, 대장/직장암, 간암, 담도/담낭암, 췌장암, 갑상선암, 유방암… 모두
외과에서 한다.
이뿐인가? 혈관 수술, 간/신장 이식 수술도 외과다.
'몸 속에 있으니' '내'과가 수술하는 게 아니라고… 이 무식이들아…

내 레지던트 트레이닝 동기는 처음 1년차 들어올 때 전체 T.O. 25명 중에
17명이 들어왔었다. 그 중 두 명이 1년차 초반에 때려 치고 나갔고(나도
그때 나갔어야 했는데…) 15명이 남아 4년차까지 마치고 전문의를 땄다.

지금은 모르겠지만 당시에는 CMC(가톨릭중앙의료원) 외과는 전국의 병
원 중에 가장 외과 레지던트의 T.O.가 가장 많았다. (그도 그럴 것이 병원
이 여덟 개이니…)
25명 정원에 15명이니 60% 충원률인 거지…
그러나 더 문제인 것은 우리 기수(39기)가 가장 많았다는 것이다.
우리 3년 위 선배는 달랑 세 명이었다. 우리 이후의 후배들은 반이나 채
웠나?
아마 그것도 안 될 거다…

우리가 2003년 전문의 보드(면허)인데 당시 시험을 보는 전국의 외과 4년 차는 200명이라고 했었다.

다른 병원 출신 외과 전문의들이 지금 뭘 하고 살고 있는지는 내가 잘 모르 겠으니... 내 동기들만 가지고 생각해보자.

15명의 내 동기 중에 CMC에 교수로 남은 사람이 세 명, 외과로 개원(그래 봐야 치질, 탈장, 하지정맥류 정도...)한 사람이 네 명, 외과 페이닥터가 두 명, 물치(물리치료)잡과가 두 명, 요양병원이 한 명, 미용과가 한 명, 미국 에 가서 의사가 된 사람이 한 명, 행방불명이 한 명이다.

행방불명은 뭐냐구? 다 쓰러져 가는 병원 인수해서 매일 매일 당직 서면서 고군분투하다가 결국 폐업한 동기... 만날 수가 없다. 아무도 그 녀석의 핸 드폰 번호를 모른다.

어쨌든...
15명 중에 그나마라도 외과 의사로서 살고 있는 사람은 여덟 명.
그 여덟 명 중에 '진짜'(응급 개복술이 가능한...) 외과 의사는 네 명.
그러니 총 15명 중 네 명만이(26%) 진정한 외과 의사로 살고 있는 거지...
대충 계산 해볼까?
현재 대한민국의 의사 수는 약 13만 명이라고 한다. 내 의사면허번호가 딱 중간대인 6만 번 대이고 내 전문의 번호가 5천 번 대이니...

(그럴 리도 없지만) 외과 전문의 면허를 가진 자가 1만 명 정도 된다고 보면 그 중 '진정한' 외과 의사를 26%라고 봤을 때 약 2600명 정도가 있겠군... 뭐? 그런 말도 안 되는 계산이 어디 있느냐구?

〈2019년 종별 전문과목별 전문의 현황〉

외과 전체 : 6071

상급종합병원 : 1010

종합병원 : 1216

병원 : 579

요양병원 : 720

의원 : 2489

자료 출처 : 통계청

많이 쳐줘서 병원급에 있는 외과 의사가 개복 수술 및 응급 수술을 모두 한다고 치면 1010+1216+579 = 2805명. 어때? 비슷하지?
요양병원과 의원급의 외과 의사들은 개복 수술 손 놓은 지 오래다. 그거 억지로 끼워 넣으려고 하지마라...
'진짜' 외과 의사가 2800여 명이면 충분하다고 보나? 그럼 하나 더 가르쳐 주지...
올해(2019) 외과 전문의 합격자 수는 127명. 2003년에 비해 63.5%
뭔 말이냐구? 갈수록 줄어간다고... 2800명 선이 유지되는 게 아니라고...

더구나 외과 의사는 타 진료과와 달리 외과 의사로서의 수명이 짧다.

늙어서 눈 안보이고 손 떨리는데 집도하겠냐?

보통 외과 전문의로서 active하게 수술할 수 있는 나이는 40~55세 정도로 본다. 그럼 '진짜' 외과 의사 숫자가 더 줄겠지?

아직도 감이 안 오나?

전체 외과 수련의 T.O.의 절반밖에 못 채우는 상황에서 그나마 있는 외과 전문의 절반 넘게 '실질적' 외과 의사로서의 역할을 하지 못하고 있으니 우리나라에서 필요로 하는 외과 의사 전체 수의 25% 정도만 존재한다는 뜻이다. 그럼 여기에서 한 가지 의문점이 생긴다.

"그렇게 외과 의사가 적으면 이미 수술을 못해서 난리가 나야 하는 것 아니야? 그런데 지금은 잘 돌아가잖아…"

그럴 것 같지?

외과 수술이야 이미 대학병원급에서 한 달 정도 밀리는 것은 당연하게 받아들이고 있는 것과는 별도로 '진짜' 외과 수술을 할 수 있는 의사들의 과부하는 이미 한계점에 도달해 있다.

Buffering 이라는 단어를 아는가?

한글로 '완충', '충격 흡수'라고 표현해도 무방하다. 필요한 외과 수술의 갯수를 그나마 남아 있는 외과 의사들이 나눠서 감당하고 있는 것이다.

"그럼 계속 그렇게 감당하면 되겠네..."

이렇게 생각하지? 그럼 이렇게 물어볼게...

네가 네 직장에서 업무량이 너무 많아서 미칠 지경이라면 너는 어떨 거 같아?

게다가 월급도 적어... 그 힘든 일들을 그렇게 많이 하는데도 너네 사장은 월급을 올려줄 수가 없대. 왜냐구? 네가 하는 일은 그닥 돈이 안 되거든...

월급도 안 올라, 일은 빡세... 그런데 너하고 같이 일하던 동료는 다른 직장에 가서 일도 훨씬 편하고 업무량도 적거니와 월급도 많이 받아.

그러면 너는 그 직장으로 옮겨갈 생각을 안 할 것 같아?

외과 의사도 마찬가지야.

외과에서 수술을 배운 사람들이 미용 성형 등의 기술을 배우는 것이 더 힘들까, 아니면 수련의 때 칼 한 번 잡아본 적이 없는 사람들이 배우는 게 더 힘들까?

사실 외과 수련의 과정을 거치고 펠로우까지 마친 사람들이라면 다른 진료과 수련의를 마친 의사들보다 훨씬 적응하기가 쉬워...

외과의 수많은 subspecial part(세부 진료과)에서 뭐 하나 쉬운 part는 없지만 그 중에서도 hepatobiliary(간담도 외과)의 경우 중환이 많고, 난해하고 오래 걸리는 수술이 많고, 수술 이후에도 예후가 나쁜 환자가 많은 part이다.

간암, 담도/담낭암, 췌장암, 십이지장암... 게다가 몇몇 병원에서는 이식외과와 중복되어 있다.

간 이식 수술의 경우 외과 수술의 꽃이라고 얘기할 정도로 많은 인원과 오랜 시간이 필요한 수술이다. 수술 후의 환자 케어는 별도로 하고서라도 외과 의사가 쏟아 부어야 하는 열정과 시간은 실로 어마어마한 것인데 이 수술을 하는 사람이 그럼 다른 환자를 안 봐도 되느냐 하면 또 그건 아니거든... 그 와중에도 밀려드는 다른 환자들...

급성담낭염, 담도 결석으로 인한 급성담관염, 췌장염 등등...
너무 일이 많다보니 hepatobiliary(간담도 외과)에는 지원자가 없어서 그나마 있는 사람들이 일을 분담할 수밖에 없어.

1. 가뜩이나 힘든 part인데 맨파워마저 떨어진다.
2. 일을 분담하다 보니 외과 의사 1인당 loading이 많아진다.
3. 집에 들어가기는커녕 쉴 시간도 없다.
4. 몸은 항상 피곤하고 가족을 볼 수 있는 시간도 없다.
hepatobiliary(간담도 외과) 외과 의사와 결혼한 부인과 그 아이들 입장에서는 맨날 집에도 못 오고, 학예회, 발표회 등등은커녕 애들 입학/졸업식에도 참석 못하고, 집안 모임, 경조사, 제사 등에도 와이프 혼자 가야 되지... 어쩌다 한 번 집에 들어온 남편은 피곤에 쩔어서 내내 잠만 자다가 또 병원에서 콜 왔다고 황급히 나가기 일쑤이고...
휴가?

그거 다 챙겨서 가면 병원에 있는 환자는 누가 보나? 대신 봐 줄 수 있는 다른 사람 자체가 없다니깐...?

자...
이쯤 되면 결혼 초기만 해도 이해하려 노력했던 부인이나 아이들은 차차 남편과 아빠에 대한 불만으로 가득 차게 되지...

"이럴 거면 왜 나하고 결혼했어? 병원이랑 결혼하지!"
"아빠가 우리한테 해준 게 뭐가 있어요?"

흔히 듣는 말이 된다.

내가 장담하건대 이국종 교수는 이런 말 숱하게 들었을 거다. 아직도 가족이 잘 유지되고 있다면 그건 그 가족분들이 보살이기 때문이다.
그럼... 이 모든 것을 감내할 수 있을 정도로 월급이라도 많을까?
전혀 아니지... 외과 수술은 돈이 안 되기 때문에 월급을 많이 줄 수가 없어.
이 외과 의사는 이제 무슨 생각을 할 것 같나? 너라면 어떻게 하겠냐?

"그래도 교수잖아... 그러면 된 거 아냐?"

이렇게 생각하는 분 계신가? 내가 실상을 알려주지...

대학병원에 수련의(인턴, 레지던트)와 펠로우를 제외하면 다 '교수'라고 생각하나?

아, 물론 명칭, 호칭은 '교수'다. 그러나 우리가 흔하게 알고 있는 그 '교수'가 아니라고...

대학병원에서의 '교수'는 보통 두 가지로 나뉜다.

의과대학 학생들을 가르칠 수 있는 '교원'이면서 대학병원에 근무하는 '직원'이 되는 '교수'와, 의과대학에는 속하지 않으면서(즉, '교원'은 아니면서) 대학병원에 근무하는 '직원'이 되는 교수...

이 중 후자를 정식 명칭으로 '임상교수'라 칭한다.

(전자는 그냥 '교수'이다)

이 '임상교수'는 직급에 따라 '임상강사', '임상조교수', '임상부교수', '임상교수'로 나뉘는데 이들은 대학병원과 계약 관계로 매년, 또는 2년마다 갱신 대상이 되어 전년도, 혹은 2년간의 매출액에 따라 계약이 해지되기도 한다.

정년이 있는 진짜 '교수'가 아니라고...

결국 뭐냐면, 이들은 대학병원에 있는 '페이닥터'인 거지... 돈 못 벌면 바로 잘린다고...

전체 대학병원에 이 '임상교수'들이 얼마나 될 것 같나?

요즘은 각 대학병원들도 하도 적자에 허덕이다 보니 이 '임상교수'를 늘려

가는 추세이다.

진짜 '교수'의 테뉴어(Tenure:대학에서 교수의 직장을 평생 동안 보장해주는 제도)를 주게 되면 그 비용을 감당하기가 힘들어지고 혹시라도 그 교수의 매출이 떨어질 경우에도
함부로 해고할 수가 없기 때문에 상대적으로 해고가 쉬운 페이닥터를 늘리려 하고
또, 이로 인해 해고당하지 않으려는 '임상교수'들의 자기 희생(?)을 이끌어내기 쉽기 때문이다.

니들이 대학병원에서 부르는 그 '교수님'이 다 '교수님'이 아니라고…
뭔 말인지 알어?
헐…
일은 빡센데 월급은 적고, 신분도 불안하네… 너라면 어떡할래?
흔하디 흔한 비교이지만…
미국에서는 외과 의사의 연봉은 362,000달러 정도이다. (2018~2019, 출처
: Medscape 홈페이지)
그러면서도 이렇게 살인적인 loading은 없다. 왜 그럴까?
나는 그 이유가 국민성의 차이라고 본다. 말하자면 이런 식이다.
미국에서는 common sense(상식)가 공급자(의사)에게 맞춰진다.

"어휴, 너 그렇게 힘든 일을 해? 그러면 월급을 많이 받는 게 당연하지…"

그러나 한국에서는 이게 수요자(환자)에게 맞춰진다.

"어휴, 너 그렇게 큰 병에 걸렸어? 거기다가 돈도 많이 내야 해? 그럼 안 되지... 너 적게 내도 치료받을 수 있게 해줄게..."

여기까지는 오케이, 좋다. 그런데, 한 명의 환자를 살리는 데 들어가는 재화의 총량은 일정한데 우리나라에서는 그 부담을 의사에게 지운다.
즉, 국가가 그 돈을 책임지지 않고 의사들에게 지급하는 돈을 후려쳐서 적게 주어 유지하는 것이다.
이러한 예는 주위에서 쉽게 찾아 볼 수 있다.(고어텍스 인조 혈관 사태를 생각해보라.)
힘든 일을 하는 사람들이라고 하더라도 그래서 꼭 필요한 사람들이라 하더라도 그게 소수이면 적당히 깔아뭉개도 괜찮다는 생각...
그들이 반발하면 아주 좋은 제압 방법도 이미 존재한다.
"의사가 사명감도 없이, 환자의 생명을 볼모로..."

이 한 마디면 만사형통. 비단 정부나 정치권만의 문제가 아니다. 이 사회의 구성원 모두가 가지고 있는 생각.
절대로 변하지 않는...

이제 왜 외과를 선택하지 않는지 알겠나?

레지던트 시절.

연세가 지긋한 교수님들은 가끔 우리에게 옛날 얘기를 해주셨다.

지금은 외과계가 많이 세분화되어 있지만

(subspecial part(세부 분과)를 말하는 게 아니다.)

그 교수님들이 외과를 선택하실 때만 해도 이런 세분화가 존재하지 않았을 때라 정형외과, 신경외과, 흉부외과, 성형외과 등이 제대로 나뉘지 않았다 한다.

그 당시만 해도 외과는 성적이 좋은 사람들의 전유물이었다고 했다.

그러나 이제는 대부분의 사람은 외과를 전공했다고 하면

'에이... 공부 못 했구만...'

이런 생각을 한다.

맞다. 나도 그런 줄 알았다. 내가 고딩, 대딩 때만 해도 외과는 다른 좋은 과를 다 골라 가고 나면 나머지 성적 안 되는 떨거지들이나 가는 과인 줄 알았다.

인턴 성적 1등을 하고나서 외과를 선택할 때에도

'설마, 나 같은 애들이 있겠어?'

하는 오만한 생각을 했었다.

나중에 CMC(가톨릭중앙의료원) 외과에 지원한 우리 동기 17명 중 단 두 명만이 인턴 성적이 A가 아닌 것을 알게 되고는 짐짓 놀랐다.

15명 전원이 A. 물론 그 A인 녀석들 모두 1등은 아니라고 할지라도 대부분은 굳이 외과를 하지 않아도 소위 말하는 피, 안, 성, 이를 할 수 있는 정도의 성적이었다.

레지던트가 된 후 한참 후에야 물어봤다.

"넌 성적도 좋은데 왜 외과를 했냐?"

"그러는 넌? 넌 인턴 1등이었는데 왜 외과를 했냐?"

"나?... 음... 그냥... 이게 제일 의사 같았거든..."

"나도 그래... 외과가 진짜 의사 같아서 했어..."

"근데 인기과는 따로 있잖아... 안과나 성형외과나..."

"글치... 그래도 난 그거 별로더라... 그냥 외과가 제일 좋았어. 멋있잖아..."

지금은 그때의 선택을 뼈저리게 후회하는 사람이 나 말고도 여럿 있을 거다.

"그러게 왜 외과를 해서 그래? 니가 선택을 잘못한 거 아냐? 니가 잘못해놓고 누굴 원망해...?"

이렇게 생각하시나?

그럼... 외과는 누가 할 건데?

지금까지 얘기한 것이 결국 나 하나만을 위한 얘기라고 생각한다면 이 이야기의 본질을 전혀 이해하지 못 하는 거다.

외과는 필수 과이다. 외과가 없으면 많은 사람이 죽는다고...

그냥 앞 못 보고, 안 들리고, 절룩거리고 다니고, 못생기고, 아프게 사는 정도가 아니라 살 수 있는 사람이 죽는다고...

죽을 사람 살리려고 이 힘든 외과를 선택한 의사들에게 고마워하고 지원해주지는 못할망정 그 순수했던 이상을 이렇게 처참히 짓밟아야 되겠나?

그러고도 니네가 급하면 당연한 듯 살려내라는 말이 그 입 밖으로 삐져 나오냐?

제발 사람이라면 염치 좀 있어봐라.

하긴... 피를 토하며 외쳐봐야 누군들 듣겠느냐마는...

얼마 전... 충청북도 도내에 외과 레지던트가 0명이라는 기사를 읽었다.

이제는 환갑이 지난 대학병원의 교수님이 최근까지도 당직을 섰다고 했다.

지금까지 버티고 버티던 외과의 주축이자 주력 부대들이 이제 급격히 은퇴로 빠져나가게 된 후 더 이상은 수술 가능한 '진정한' 외과 의사가 없는 시점이 10년 이내에는 반드시 오게 될 거다.

그때 가서 누가 잘못했다는 등 책임 소재를 가리려 하지 마라. 너희 모두가 다 공범이니까...

옛날, 아주 먼 옛날...

찰튼 헤스턴 주연의 영화 '혹성탈출'에서의 엔딩 장면이 생각난다.

유인원이 지배하는 혹성이 멸망해버린 지구임을 믿지 않았던 주인공이 백치가 되어버린 인간 여자를 데리고 말을 타고 해변을 가다가 부서져 해안에 방치된 자유의 여신상을 발견하고는 절규하는 장면.

"너희가 다 이렇게 망쳐놨어!"

니들이 다 이렇게 망쳐놨어...   281

9

복수는 해야 한다잉~

이번 얘기는 내가 직접 겪은 것이 아니라 1년 위 선배의 에피소드이다.

외과 의사로 살아가면서 가장 힘든 일 중 하나가 응급실 콜을 수시로 받아야 한다는 것이고, 그 응급실 콜 중 더 힘든 것은 환자나 보호자의 위협을 느낄 때이다.

응급실에 오는 환자의 태반이 진정한 응급 환자가 아니라는 것은 지난번에도 언급했던 적이 있다. 그러나 환자의 입장에서는 대부분 자기 자신이 가장 응급한 환자라고 생각하기 때문에 의사나 간호사를 위협하거나 소위 '깽판'을 치는 사람이 많다.

그런데 그 경우에도 병원이 어디에 위치하느냐에 따라 내원하는 환자들의 지적, 인격적 소양이 다 달라서, 사실(동의하지 않거나 심지어 나를 비난하는 사람들도 있겠으나, 팩트는 팩트다.)

서울성모병원(예전 강남성모병원)이나 여의도성모병원에는 그런 막돼먹은 환자가 CMC 중앙의료원의 타 병원에 비해 적은 것도 사실이다.

CMC 중앙의료원 여덟 개 병원 중에 가장 험한 환자들이 오는 곳이 의정부성모병원이고,
그 다음으로 부천 성가병원, 그 다음이 수원 성빈센트병원 순서였다.
(이건 절대적으로 내가 근무할 당시의 내 주관적 판단이니 토 달지 마시라.)

청량리 성바오로병원도 꽤 험한 환자들이 내원하는 병원이었으나, 여긴 절대적인 환자 수가 적어서 상위에 랭크되진 못했다.
(그 당시 우리 레지던트들은 강남성모병원을 동북아시아에서 가장 힘든 병원, 성바오로병원을 가장 편한 병원으로 생각했다.)

나는 성바오로병원에 2년차 겨울에 4개월 동안 근무했는데, 이때 우리 큰애도 생겼다.

혹시라도 성바오로병원에 가본 적이 있는 분은 아시겠지만, 이 병원의 위치가 상당히 거시기하여, 청량리역 옆의 소위 '청량리588'의 바로 앞에 위치하고 있었다.
(그게 뭐냐고 묻지 마라. 알 사람들은 다 안다.)
따라서 그쪽 관련 일을 하는 사람들이 꽤 많이 병원에 내원했었는데…

그 중엔 조폭인지 양아치인지 분간이 잘 안 되는 사람들도 있었다.

이런 사람들이 응급실에 환자로 오면 처음 들어오면서부터 행패를 부리는 경우가 많았는데, 그럴 경우 응급실 인턴과 레지던트 사이엔 암호가 있었다.

"선생님, 해바라기입니다."

일단 해바라기라는 콜을 받으면 응급실이 난장판이 되기 전에 빨리 내려가 줘야 한다.

그런데, 그거 아나?

진짜 조폭은 응급실에서 난동을 부리지 않는다.

항상 설익은 양아치들이 그러는 거지...

#1

그날도 그랬다.

동네 양아치들끼리 싸움이 났었는지 한 명이 어깨 부위에 칼을 맞아 찢어져서 온 것이었다.

근육층까지 들어간 상처도 아니고 피부와 피하 지방층만 찢어진 거라서 뭐 대단한 수술도 필요 없고 그저 상처를 세척한 후에 봉합만 해주면 별 문제 없이 잘 나을 상처였다.

이 환자와 이 환자의 동생(꼬봉)으로 보이는 두 명이 응급실로 왔는데, 내 윗년차 선배(편의상 'C'라 한다.)가 진료하게 되었다.

환자는 처치실의 베드에 누워 있고, 두 꼬봉은 베드 옆 바닥에 무릎을 꿇은 채 고개를 숙이고 있더란다.

C가 수술용 글러브를 끼며 물었다.

"환자분 어쩌다가 다치셨어요?"

"칼에 맞았당께요."(전라도 출신인가 보다.)

"싸우셨어요?"

"아따… 그것까지는 알 필요 읆고, 의사 양반… 수술이 필요하겠지요?"

"아니 뭐… 수술까지는 아니고 그냥 씻어내고 꿰매기만 하면 될 것 같습니다."

"수술할 때 마취를 하나요?"(수술 아니래도…)

"예, 뭐 전신 마취는 필요 없고 국소 마취를 해서 꿰매면 됩니다."

"의사 양반, 마취를 하지 말고 꿰매 주쇼."

"예? 왜요? 아프실 텐데요."

"아따, 난 괜찮응께 마취는 하지 말고 꿰매 부리쇼."

"아프실 텐데…"

"아따 괜찮당께요."

C의 얘기로는 결연해 보였다 한다.

"그럼 뭐… 알겠습니다."

봉합사를 준비하고 상처 부위를 소독하는 동안 환자가 옆의 동생들에게 얘기하더란다.

"이번 일은 절대로 참을 수가 없는 것이여, 복수는 해야 한다잉~"

"예! 형님!"

C가 첫 땀을 뜨자...

푹... (의태어다.)

"으아악!"

"형님!"

"복수는 해야 한다잉~"

두 번째 땀...

푹...

"으아악!"

"형님!"

"복수는 해야 한다잉~"

세 번째...

푹...

"으아악!"

"형님!"

"복수는 해야 한다잉~"

C는 봉합하는 내내 웃겨 죽는 줄 알았댄다.

#2

내가 수원 성빈센트병원에서 1년차를 하고 있을 때의 일이다.

외과 의사들은 수술 전에 어떻게 수술할 지를 항상 예상하고 계획하고 들어가지만,

수술이라는 것이 수술 전 각종 검사에서도 예기치 못한 소견을 보일 때가 있어서, 원래 예상한 수술 시간보다 더 걸릴 때가 비일비재하다.(물론 그 반대로 더 짧게 걸리는 경우도 있지...)

하루는 아침 8시부터 잡혀 있는 수술 외에 응급실을 통해서 들어오는 응급 수술로 인해 그 다음 수술들이 줄줄이 미뤄졌었는데 그러다보니 정규 수술 시간을 훌쩍 넘겨서도 수술실에 들어가지 못한 수술 예정 환자가 있었다.

항상 그러하듯이 나는 병원 여기저기 검사 스케줄 잡으러 다니고, 응급실 콜 받고, 협의 진료 보러 다니고, 중심 정맥관 잡고 다니고 있었는데 오후 7시쯤 외과 메인 병동에서 간호사로부터 삐삐가 왔다.

"선생님, 병동에 좀 와보셔야겠어요..."

"왜요?"

"환자 보호자들 때문에요... 얼른요."

"알았어요."

병동에 올라가보니 난리가 나 있다.

"아까 한 20분 전쯤부터 나와서 욕하고 난리 났어요..."

간호사가 울먹울먹 말한다.

아직까지 수술실에 들어가지 못한 환자의 보호자들이 간호사 station으로 나와서 쌍욕을 해대가며 complain(불평) 중이다. 간호사들은 안절부절 못하고 몇몇은 울기까지 한다.

"잠깐만요, 왜 그러시죠?"

보호자에게 물었다.

"엉, 넌 뭐야?"

"병실 주치의입니다. 무슨 일이신데요?"

"아... 니가 주치의야?"

"예, 그런데 반말은 하지 마시구요."

"뭐 이 새끼야?"

"이 새끼라뇨..."

"뭐 이따위 새끼가 다 있어? 지금이 몇 시야? 오늘 수술하기로 했어, 안 했어? 엉?"

"이전 수술이 길어지는 데다가, 응급 수술이 갑자기 생겨서 그렇습니다. 조금만 기다리시면 곧 들어갈 겁니다."

"그 조금만 조금만 한 게 벌써 언제부터야? 지금이 7시가 넘었는데 언제 들어가?"

"지금 앞 환자 수술 중이니까 그 수술 끝나는 대로 바로 들어가실 거예요."

"그러니까 그게 C8 언제냐고!"

스테이션 위에 있던 차트를 집어던진다.

철판으로 만들어져 날카로운 소리를 내며 차트 안의 내용물이 바닥에 쏟아져 흩어진다.

"욕하지 마시구요, 차트는 왜 던지세요?"

"뭐 어때, 이 C8놈아, 내가 차트 던졌다. 어쩔래?"

"참는 데도 한계가 있습니다. 반말하지 말라구요."

"어린 노무 새끼가 따박따박 말대꾸야!"

또 다른 차트를 던진다. 앞에 앉아 있던 간호사가 말한다.

"보호자분, 조금만 참으시고 병실에서 기다리세요."

"넌 뭐야!"

손이 키질하듯 높이 올라갔다. 도저히 참을 수가 없었다. 간호사 앞을 가로 막으며 소리쳤다.

"뭐하는 짓이야? 이게… 진짜 보자보자 하니까…"

"뭐?… 뭐라고? 너 이 새끼 지금 나한테 반말했냐?"

"그래 했다. 이 X이~상XX새끼야. 이런 C8 X새끼가 어디서 행패야? 간호사가 무슨 죄라고 간호사한테 이 GR이야?"

입고 있던 가운을 벗었다.

"너 이 XX새끼, 이제 나 의사 아냐, 안 해. 너 이 새끼 따라 나와. 내가 이 새끼 눈X의 먹물을 다 빨아먹어버릴 테니까... 나왓! 이 X새끼야..."

보호자가 주춤한다. 간호사가 뛰어나와 나를 말리고 다른 보호자가 난동 부리던 그 보호자를 등 떠밀어 병실로 들어갔다.

다른 여자 보호자가 말한다.

"빨리 수술을 안 해주니까 그런 거잖아욧!"

"아 그럼 어떡해요, 위급한 순서대로 해야 하잖아요. 응급으로 들어가서 배 째고 수술하고 있는 환자를 수술하다 말고 끌어내요? 입장 바꿔서 환자분이 그러시면 좋겠어요?"

아무 소리 못하고 병실로 들어가면서 눈을 흘긴다. 주위를 둘러싸고 싸움 구경하던 사람들도 주섬주섬 흩어졌다.

다리가 후들거린다. 만약 진짜 보호자가 따라 나왔다면 나는 아마 뼈도 못 추렸을 거다.

뻥카드가 통한 게 다행인 거지...

돌아서는데 간호사들이 존경어린 눈빛으로 쳐다본다.

"어구구... 우리 쌤 멋지네..."

웃는 것도 아니고 우는 것도 아닌 표정으로 목례만 하고 의국으로 들어왔다.

진이 쪽 빠진다.

어릴 때부터 싸우기만 하면 매번 지고 얻어맞고 들어오기 일쑤여서 초등학교 이후론 누구와 싸워본 적도 없었다.

어디서 그런 용기가 났는지는 모르겠으나 큰 충돌 없이 마무리지어진 게 얼마나 다행이던지...

나중에 얘기를 전해들은 시니어들과 교수님들도 나에게 크게 뭐라 하지는 않았었다.

그 환자도 이후 곧 수술실로 들어가 수술을 받고 나왔다. 새벽 2시경에... 그 보호자는 사라지고 없었으며, 나머지 보호자들은 수술을 마치고 나온 교수님께 연신 인사를 해댔다.

다음날 아침부터는 항상 컨퍼런스 후 회진 대기 시간이 되면 간호사실에 컵라면 하나와 샌드위치가 나를 기다리고 있었다.

'의사가 뭔 욕을 저렇게 하나?'

하시겠지만... 지금 생각해봐도 그때만큼 욕을 해 본 적이 없는 것 같다.

진료를 하다 보면 많은 환자나 보호자들이 "잘 좀 부탁드려요." 한다.

의사는, 특히 외과 의사는 그런 부탁을 들으나 안 들으나 상관없이 모든 환자에게 최선을 다한다. 그러나 우리도 신은 아니다. 최선을 다하는 데도 불가항력적인 상황은 종종 발생한다.

병원도 사람이 살아가는 곳이다. 서로를 이해하려는 마음만 있으면 모두
좋은 결과에 만족하게 되리라...

10

이 또한 지나가리라

오늘 아침부터 작은아이가 눈물바람이다. 오늘부터 나흘간 중간고사.

"못 봐도 괜찮아, 대충 봐."

안아주고 토닥였지만 그닥 위안을 받은 것 같지는 않았다.
어지럽고 메스껍다고까지 하는 아이를 보면서 이런 입시 제도 아래서 공부
하는 환경을 아이에게 강제할 수밖에 없는 아빠로서 미안해진다.

나 역시 숱한 세월 동안 이 지난하고도 살 떨리는 과정을 겪었지만 내 아이
에게만은 겪게 하고 싶지 않은 것은 모든 부모의 공통된 생각이리라.
그러나, 현실적으로 그럴 능력이 안 되는 것을 어쩌랴...
인생 전반에 걸쳐 시험이 없는 것은 상상 속의 유토피아에서나 존재하는

일이겠지.

고등학교, 재수, 삼수를 거치며 지긋지긋한 시험을 수두룩하게 봐 왔지만... 흥이다, 흥!
의과대학의 시험이 주는 압박감에 비하면 그 이전의 시험들은 껌이다, 껌!

"유난 떨고 있네, 어느 과 출신이든 시험은 다 힘들어. 뭘 그리 엄살인지..."

의과대학에 다니지 않은 많은 분은 아마도 이렇게 생각하지 않을까?
그래요? 그렇게 생각하세요? 그럼 좀 물어볼게요.
한 과목만이라도 F 받으시면 1년을 통째로 유급당하셨나요?
F는 없더라도 전체 성적이 평점 평균 이하이면 유급당하셨나요?
유급 연달아 두 번이면 제적당하셨나요?
연달아 유급당하지 않아도 전체 재학 기간 중 세 번 유급이면 제적당해보셨나요?
없죠?
있을 리가 없죠. 의과대학에만 있는 제도니까...
그럼 그런 말씀은 사양합니다.

국립대학교의 의예과는 의과대학 소속이 아니다. 자연과학대학 소속.
의예과 소속 전담 교수님도 없다. 조교만 한 명. 그것도 자연과학대학 내의 타과에서 꾸어온 조교. 완전 애비 없는 자식인 거지... 동냥젖 얻어먹는 핏덩이 신세.

사정이 이렇다보니(설마 자연과학대 교수님들이 애비 없는 자식이라고 우리에게만 그러셨을 리는 없겠지만...) 예과에서 본과(의과대학)로 진입하지 못하고 유급당하는 경우도 부지기수였다.

그중 가장 악명 높은 과목이 비교해부학.
4학점짜리 과목이어서 전체 성적에서 매우 큰 비중을 차지한다.
지금은 성함도 생각나지 않는 생물학과 교수님.
동냥젖 얻어먹는 남의 자식(도 아니다. 아예 부모가 없는 거와 마찬가지)에게 참 가혹하셨더랬다.
예과 때 유급을 당하는 원인의 대부분이 이 과목 때문이었다.
원래는 발생학 전공의 교수님이셨는데 뭐 발생학이나 비교해부학이나 내내야 거기서 거기인지라...(동물들끼리 어떻게 다른지를 알려면 맨 처음 어떻게 생겨났는지를 알아야 하지 않겠느냐고...)

이 교수님의 강의 방법 및 시험 패턴은 맨땅에 헤딩하기라는 말 그대로였다. 두 시간 연달아 있는 강의 시간 동안 어떤 기관의 발생 과정을 파노라마식으로 줄줄이 읊어댄다.
말도 어지간히 빠른 양반인데 노트에 필기를 정자로 받아 쓸 수 없을 만큼 빨라서 일단은 줄 없는 링으로 묶여진 갱지 연습장(당시 300원짜리)에 여기저기 공간에다 휘갈겨 받아 적은 다음 수업이 끝나자마자 따로 정식으로 노트 필기를 해야만 했다.

시험 패턴은 서술형 주관식. 보통 대여섯 개의 한 줄짜리 시험 문제. 예를 들면 이런 거다.

'내장 기관 중 간의 발생 과정에 대해 서술하시오.'
'깃털의 발생 과정에 대해 서술하시오.'

아무것도 쓰여 있지 않은 8절 갱지를 나눠주고 문제를 칠판에 쓰신다.
한 시간의 시험 시간. 답이 줄줄줄 나오지 않으면 시간도 모자란다.
그러니 미리 예상 질문을 뽑아 서술형 답을 써보는 방식으로 시험 공부를 한다.
족보? 그건 기본이지, 뭘 따로 언급하나? 족보는 보험이다. 나오면 땡큐고 안 나온다고 안할 수 없는...

나는 암기를 잘 못한다. 무턱대고 외우는 것은 반드시 까먹었다. 이해를 해야만 외울 수 있었고 잊어버리지 않는다. 이해가 되도록 노트 필기 정리를 해야 하니 시험 공부 시간은 오래 걸릴 수밖에...
이게 의미하는 바가 뭔 줄 아나? 과내 동기들의 먹잇감이라는 거지...

내가 고딩 때 TV에서 방영했던 청춘 드라마 중에 '우리들의 천국'이라는 드라마가 있었다.

홍학표라는 남자 배우가 주인공이었는데(지금은 뭐하나 몰라...)

여자 상대역은 염정아.

지금도 기억나는 장면 중에 한석규가 나온 회차가 있었다.(내 기억으로는 한석규 데뷔작이 아닌가 생각된다.)

홍학표의 친구들이 시험 공부를 하지 못한 홍학표를 위해 모범생 한석규의 노트를 빌려가서 복사하고 홍학표가 한석규보다 성적이 잘 나와서 이에 열 받은 한석규가 대자보를 붙이고

이 대자보를 본 친구들이 한석규를 비난하자 열 받은 한석규가 강의실에서 친구들에게 절규하는 장면...

연기를 너무 잘해서

"와... 쟤 뜨겠다..."

했었는데 정말 뜨더라는...

암튼...

얼굴은 한석규 발톱만큼도 안 되고 목소리는 한석규 방귀 소리만큼도 안되지만(뭐, 그렇다고 들어본 것은 아니다.) 그런 상황은 숱하게 겪었는데...

"형, 비교해부학 정리 다했어?"

"응?... 아... 아직..."

"응, 형. 다 되면 얘기해줘. 복사 좀 하게."

"……"

동기 중에 이런 녀석이 꽤 됐다.

그런 애 중 가장 꼴 보기 싫은 놈 하나가 있었는데 이 자식은 시험 기간에도 별로 공부하는 꼴을 못 봤다.(머리는 무지 좋은 놈인 건 인정) 맨날 당구장에서 살다시피 하고 술 먹고 여자 꼬시고... 정리를 해 놓으면 잽싸게 가져다가 복사를 하고 그것만 달달 외워서 시험을 본다.

물론 그 녀석한테 내가 24시간 붙어서 감시한 것은 아니니 나 모르는 곳에서 몰래 열공했는지는 모르겠으나... 하는 짓이 얄밉잖아...

나는 장학금 한 푼이 아쉬운데 이 녀석이 시험을 잘 봐서 성적이 나보다 높은 적도 여러 번이라 어찌나 얄밉던지... 집도 부자인 놈이 말야...

게다가 본과 3학년 때쯤엔 우리과 Top인 여학우와 CC가 되길래 진짜 의아했거든...

여자 외모 엄청 밝히는 놈인데 CC가 된다는 게... 결국 단물만 다 빨아먹고는 결별하더만...

(그 여학우는 시험 전날 밤엔 당구장에 있던 이 녀석을 지네 집으로 데려가서 밤새 다 가르쳐줬다는 후문이 있었다. 반칙 아니냐?)

물론 복사를 해가는 녀석 중에는 줘도 못 먹는 놈들도 있었다.

삐딱이(별명이다).

삐딱이 역시 허구헌 날 복사를 해가는 녀석 중 하나였는데(이 녀석은 내가 원본을 안 주니까 다른 애들이 복사한 것을 복사하더만...)

외우면 뭘 해...?

시험이 끝나고 교수님이 채점을 하고 나면 성적을 예비 발표하고 이의가 있는 사람들은 교수님께 이의 신청을 할 수 있었는데 이 삐딱이 녀석이 유급 성적에 딱 걸린 거다.

바로 교수님을 찾아간 삐딱이...

(이하의 대화는 조교를 통해 들은 결과를 바탕으로 구성한 내 상상이다.)

"교수님, 제 성적이 잘못 나온 것 같습니다."

"자네 이름이 뭔가?"

"OOO입니다."

"어디... 아... 자네구만..."

"예?"

"이거 자네 답안지네, 자네가 한번 읽어봐. 난 도저히 못 읽겠어."

"......"

답안지를 받아 든 삐딱이... 지도 못 읽은 거다. 삐딱이는 글씨가 지 성격 만큼이나 악필이거든...

"자네도 못 읽어? 자네 꺼 답안지인데?"

"……"

"그럼 성적에 이의 없는 거지?"

"……"

그렇게 삐딱이는 본과에 진입하지 못했다.

본과에 올라오면 예과 때의 지식은 다 쓸데없는 것이 되어버린다. 쿼터제로 나뉘어 있는 교과 과정에서 1,2 쿼터는 해부학, 생리학, 생화학, 조직학 딱 네 과목. 쉽겠지? 널널하겠지?

해부학 8학점, 생화학 6학점, 생리학 6학점, 조직학 4학점이다.

한 등급 차이가 만들어내는 격차는 실로 어마어마한 것이다.

내가 워낙 돌대가리이다 보니 눈에 보이지 않는 것에 대해서는 이해를 못하는 경향이 있는데 해부학은 그런 대로 성적을 받을 수 있었지만 생리학/생화학은 젬병이라…

(조직학도 안 보이는 거 아니냐구? 현미경은 됐다 뭐에 쓰게…?)

가장 힘든 게 생화학. Lehninger와 Stryer 교과서 두 권. (아… 생각만 해도 토 나올 것 같아…)

무슨 이중 나선 구조 어쩌구 하는 것까지는 그나마 이해를 하는데 아니 도대체 필수 아미노산 20개의 화학 구조식을 외워서 어따 써먹느냐고… 근데 이게 시험에 나온다고...

배점이 5점이나 된다. 이건 뭐 이해할래야 이해할 수 없는 무대뽀 외우기 잖아.

뻔히 나올 거 알지만 걍 포기...

시험 공부를 하다가 옆 교실의 1년 선배들한테 물어본다.

"시험에 뭐 나오는지 좀 찍어주세요."

선배들의 한결같은 대답.

"나한테 물어볼 시간에 한 자라도 더 봐. 그게 시험에 나와."

시험? 전에도 한 번 얘기한 것 같은데... 8절 갱지에 한 장당 너댓 문제로 총 36장.

전부 주관식. 단답식도 있지만 서술형도 많다. 시험 시간 네 시간.

화장실 다녀올 사람들은 나갔다와도 된다. 화장실에서 커닝?할 수 있을 것 같지?

교수님 왈...

"모르는 문제 붙잡고 있지 말고 바로바로 넘겨라. 모르는 것 붙잡고 있다 가 뒷장은 아예 보지도 못한다."

화장실에서 커닝 페이퍼 외우는 사이에 시간은 흘러간다. 방광이 터져도 안 가는 게 낫다. 교수님이 맨 뒷장 문제지에 써 놓으신 격려사.

'약 오르지? 이놈들아...'

생리학 공부를 하다보면 내가 생리를 하게 될 것만 같았다. 지금 기억나는 거? 있겠냐? 그런 게?
다만 내용은 기억이 안 나도 지겨웠었다는 느낌만 남아 있는 것.
Hasselbach Buffering Equation, pKa(부분해리상수)...
(이 글을 보시는 분 중 상당수가 지금 나 같은 nausea(오심)가 있을 거라고 확신한다.)

해부학은 나름 괜찮았었던 것 같다. (딱, 외과 체질인 거지...)
한여름에 가운 입고 눈물 콧물 다 빼면서 에어컨도 없는 해부학 실습실에서 삐질삐질 땀 흘려가며 갈렌이네, 베잘리우스네 하던 일...
2주마다 있었던 땡시.

30초마다 종이 '땡' 하고 치면 옆자리로 자리를 옮겨가며 cadaver(해부용 시신)에 표시된 신체 구조물의 이름을 맞추는 쪽지 시험.
알면 30초가 30분 같고 모르면 30초가 3초 같다.

"나 망했어... 난 유급이 확실해."

시험을 보고나면 과 일등부터 꼴찌까지 다 똑같은 소리다. 엄살 아니냐구?
천만에...
이제와 생각해보면 그때 당시의 교수님들이 우리에게 바랐던 것은 지식이
아니었는지도 모르겠다는 생각이 든다.

'니가 제 아무리 날고 기는 놈이라도 무슨 수로 이 많은 것을 다 알 수 있
겠나?'

이런 뜻 아니었을까? 어차피 다 외우지도 못할 학문이다.
다만, 말도 안 되는 양의 공부를 시키면서 인내심과 지구력을 기르고 포기
하지 않고 끝끝내 버틸 악바리 정신력과 체력을 길러주기 위함 아니었을
까... 하는 생각이다.

신기하게도 과 학우 전부 유급의 공포에 벌벌 떨다가도 성적이 발표되면
일등에서부터 꼴찌까지 일렬로 늘어서게 되고 매번 독도는 생겨나며 그
독도를 희생양 삼아 나머지는 통과한다.
낙오자를 가려내기 위한 시험. 그게 본과 1학년의 시험이 아니었을까...
OCPD(Obsessive_Compulsive Personality Disorder : 강박적 인격장애)
같은 성격이 지랄맞아서 노트 정리를 하지 않으면 공부가 안되었었다. 게
다가 시험 기간이 되면 들고 다니면서도 달달 외울 수 있도록 A4용지를 세
로로 반을 접어 요약본을 만들곤 하였는데 노트는 노트대로 요약본은 요
약본대로 먹잇감이었다.

복사를 해 가는 녀석 중 대부분은 밑에 깔고 있었으니 복사를 해 가는 것까지는 그냥 두었는데 문제는 이렇게 정리벽이 있다 보니 시험 직전까지 정리만 하다가 정작 나는 내가 정리한 것을 못 보고 시험에 들어가는 경우가 허다했다는 것이다.

다시는 다음번 시험에서 이러지 말아야지 하면서도 또 그때가 되면 어김없이 정리...

동기들은 마치 맡겨놓은 듯 복사를 해 간다.

지금 생각해보면 내 기마에(きまえ) 기질 때문에 헛수고를 참 많이도 해왔는데 가장 심했던 때가 신경해부학과 내과의 cardiology(심장학) 부분을 맡아서 할 때가 아니었나 싶다.

공간 지각 능력이 남보다 좀 뛰어난 편이라 해부학을 참 좋아하기는 했는데 신경해부학은 조금 다른 얘기였다. 다른 장기나 근육, 골격 등은 주위 구조물 또는 장기와 그 구조가 명확히 경계 지어지는 반면 신경계통의 해부학은 기능적 구조의 개념이 혼합되어 해부 실습 하나만으로는 명확히 구분되지가 않는다.

게다가 소위 메스와 포셉으로 해부를 하는 것이 아니고 유리 막대 끝 부분을 조그만 주걱 모양으로 만든 기구로 조심조심 파내야 하는 신경해부학 실습은 뇌의 구조를 3차원적으로 이해하기가 어려웠다.

ventricle(뇌실), hippocampus(해마), hypothalamus(시상하부), thalamus(시상), corpus callosum(뇌량), fornix(뇌궁)…

얽히고 섥힌 뇌부분의 입체 구조를 머릿속에 넣기 위해 며칠 동안을 도서 관에 쌍박혀 CIBA collection(해부학 원서 중 하나)과 신경해부학 책을 번 갈아보며 겨우겨우 완벽하게 알아냈다.
명확한 구조를 이해하기란 나만 어려운 문제는 아니었다. 해부학 실습실. 우리 조 동기들은 거의 실습을 포기한 듯 보였다.

"아, 포기, 포기… 도저히 모르겠다."

한 녀석이 유리 막대를 집어던졌다.

"뭔 파도 파도 똑같은데 무슨 구조물이 있다는 거야?"
신경질을 낸다. 옆에서 신경해부학 실습 lecture(강의록)를 보고 있는데 흘 끔 쳐다보더니…

"어? 형, 이거 언제 정리했어?"

실습 lecture(강의록)에 정리한 내용과 이해를 돕고자 내가 따로 그린 그림.
lateral ventricle(측뇌실)에서부터 4th ventricle(네 번째 뇌실)까지와 cor-pus callosum(뇌량)과 thalamus(시상)의 위치 관계의 이해였던 것으로 기

억하는데, 나는 한 가지 구조에 대해서도 여러 방향에서 보았을 때의 그림을 따로 그려 놓았었다.

(전문 용어가 나오니 읽기도 쉽지 않고 어렵지? 다른 경우에서와 달리 주석을 달지 않는 것은 읽는 분들이 알 필요가 없어서 그런 것이니 그냥 그런 게 있나보다 하고 넘어가시면 된다.)

"형, 이거 이해했어?"
"아니, 다 이해한 건 아니고... 나도 겨우 겨우 했다."
"아... 씨... 그럼 형이 좀 하지..."
"......"
"이것 좀 설명 해 줘봐봐."

이 녀석에게 공간 구조를 설명하는데 다른 동기들, 심지어 유급당해 내려온 선배까지 둘러쌌다.

"이렇게 양손을 갈고리 모양으로 양쪽에 들고 손 모양의 공간을 lateral ventricle(측뇌실)이라고 하면, 이 두개의 사이에 이어지는 관이 있어서 두 개가 만나는 가운데에서 3rd ventricle(세 번째 뇌실)이 형성되고, 이게 다시 아래로 내려오면서 Sylvius aqueduct(실비우스 관)를 통해 4th ventricle(네 번째 뇌실)로 가고,
이 lateral ventricle(측뇌실) 사이에 약간 위쪽으로 corpus callosum(뇌량)이 있고, lateral ventricle(측뇌실) 아래쪽에 붙어서 양쪽으로 thalamus(시

상)가 계란처럼 붙어서..."

열심히도 주절됐다.
lecture(강의록)를 뺏겨 복사당한 것은 더 말해 무엇하리...

3쿼터에 달랑 시험 한 번으로 끝나는 신경해부학. 시험지를 받았는데 아는 게 하나도 없다.
아, 난 유급이구나... 우리 엄마 힘들어서 어떡하지...

"엄마..."

시험 보면서 울어보기는 처음이었다. 시험이 끝나고 나왔는데 다들 죽상 인 것은 마찬가지였다.
"형은 시험 잘 봤지?"
"윤이형은 잘 봤겠지, 좋겠다. 형은..."

물어보는 놈, 대답하는 놈. 모두의 턱주가리에 펀치를 날리고 싶었다.

1주일 후 강의실 문짝에 붙여놓은 성적표. (이걸 왜 문짝에 붙여 놓는지... 의대생에겐 인권이란 정녕 사치인 것인가?)
A+
자랑질한다고 생각하지 마라. 엄살도 아니다. 나도 그 성적이 이해가 안 가는 것은 마찬가지다. 내가 잘 본 것이 아니고 다른 애들이 더 못 본 거지. 의대 시험은 전부 그렇다.

내가 레지던트 때, 어려운 수술에 들어가서 몇 시간이고 허덕댈 때 교수님이 하셨던 말씀 중에 기억나는 한 마디.

"끝나지 않는 수술은 없다."

아가...
끝나지 않는 시련은 없단다. 하루하루가 고통스럽고 힘들겠지. 있는 힘껏 노력을 하고 최선을 다했는데도 결과가 좋지 않을 수도 있고, 마음대로 되지 않는 현실에 좌절할 때도 있을 거야.
이제 막 경쟁이라는 시련에 들어서는 우리 딸들을 보면서 아빠와 엄마는 참 안쓰럽단다.

포대기에 싸인 너희를 처음 안았을 때 '아빠가 세상을 다 사주마' 했던 맹세를 지키지 못하고 있지만 너희가 하나하나 시련을 이겨내고 조금씩 익어가는 모습을 보면서 참으로 자랑스럽게 생각한단다.

잘 해내고 있어... 앞으로 다가올 시련의 무게는 그 단계를 더해가겠지만, 지금까지 해 왔듯이 앞으로도 잘 해내갈 수 있을 거라는 것을 알고 있단다. 정말 정말 힘들 때도 있을 거야. 분명 실패도 있을 거야.

그냥 포기해버리고 싶고 현실에 안주하고 싶은 마음이 들 때도 있을 거야. 그럴 땐 잠시 나아가는 것을 멈춰도 돼. 잠시의 휴식이 새로운 힘이 될 거야.

아빠는 항상 너희 뒤에 있단다.
기대거라. 큰 가지를 드리워 그늘이 되어주고, 바람을 막아주고, 탐스런 열매를 맺어 언제라도 돌아와 쉴 수 있게 든든한 나무가 되어줄게.
힘들 때 돌아와 잠시 쉬고 다시 새로운 의지로 나아가거라.

시련은 너를 힘들게 하지만 결코 너를 무너뜨릴 수 있는 존재가 되지 못한단다.
훗날 너희가 너희의 가지를 드리우고 너희 아이들에게 아빠와 같은 말을 해 줄 수 있음을
아빠는 만분의 일이라도 의심하지 않는단다.

이 또한 지나갈 거야... 사랑하는 우리 딸들... 화이팅!

11

以夷制夷

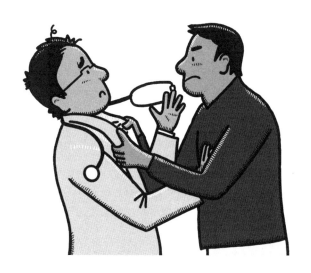

이이제이 : 오랑캐를 이용하여 다른 오랑캐를 무찌른다.

다툼이나 싸움에서, 또는 국가 간의 전쟁에서 이것만큼 좋은 병법이 있을까?
'손 안 대고 코풀기', '꿩 먹고 알 먹기'…
나는 손해 하나 없이 두 개의 적을 무너뜨리니 더 이상의 작전이 없는 참으
로 훌륭한 계책이라 하겠다.

#1

M/54 (54세 남자 환자)
multiple subcutaneous lipoma(다발성 피하 지방종)로 내원.
P/E(Physical Exam : 이학적 검사) 상 Rt. arm(우측 상완)에 여덟 개, Rt.

forearm(우측 하완)에 세 개, Lt. arm(좌측 상완)에 한 개, Rt. thigh(우측 대퇴)에 두 개, Lt. thigh(좌측 대퇴)에 한 개, 총 열다섯 개, 1~2cm의 지방종이 있다.

"이거 걸리적거려 죽겠어요. 다 좀 떼어주세요."
"이게 아프세요?"
"아프지는 않은데 어쩔 땐 가려워요. 누르면 아플 때도 있고..."
"이거 다 떼려면 절개 부위가 열다섯 개가 필요해요. 그럼 온 팔다리에 열다섯 개의 흉터가 남는데 그렇게 하시겠다구요?"
"예, 그런 건 괜찮으니까 다 좀 해주세요."

소위 말하는 Lipomatosis(지방종증) 환자다. 왜 생기는지는 모르지만 간혹 보게 되는 환자인데 이상하게도 환자들마다 다 똑같은 반응을 보인다. 흉터는 상관없으니 모조리 다 떼어달라는...

이 환자의 경우 사지에 다 지방종이 있기 때문에 열다섯 개의 부위에 모두 국소 마취를 하고 수술을 하는 것보다는 아예 전신 마취를 하고 열다섯 군데를 한꺼번에 다 수술하는 것이 의사나 환자 모두에게 좋다.
그러나...
여기에는 환자들은 잘 모르는 문제가 산적해 있다.

1. 피하지방종 수술 코드(N0233100 : 연부조직 종양 적출술)에 있어 전신

마취는 인정되지 않는다.

N0233100코드를 넣으면서 전신 마취 코드를 넣으면 모조리 삭감이다.

그러므로 전신 마취 하에 수술을 할 수는 없다. 결국 열다섯 군데에 국소 마취를 해서 수술을 해야 한다.

2. 열다섯 개의 지방종을 다 떼고 나서 청구를 하면

심평원은 열다섯 개의 수술 수가(188,080x15=2,821,200)를 다 인정해줄 까?

이 2번의 문제 때문에 환자에게 얘기했다.

"환자분, 피하지방종을 전신 마취로 수술할 수는 없어요. 다 국소 마취로 하셔야 돼요."

"예, 알았어요. 그냥 빨리만 떼어주세요."

"그런데 문제는 또 있어요. 한꺼번에 지방종을 다 떼면 나라에서 삭감을 시키거든요..."

"그게 뭔데요?"

"저희가 수술을 하고 나면 수술 비용을 환자분께는 대략 3분의 1정도를 받고, 이후에 심사평가원이라는 곳에 나머지 3분의 2의 수술한 비용을 청구해서 전체 비용을 다 받게 되는 건데, 이 청구를 할 때 심평원에서 열다섯 개의 지방종 수술 가격을 다 주지 않고 일부만 준다는 소리예요."

"왜요? 열다섯 개를 뗐으면 열다섯 개를 다 줘야죠."

"그죠? 상식적으로 생각해도 그래야 할 것 같죠? 그런데도 그렇게 안 해줘요."

"그럼 이의를 제기해서 다 받으면 되잖아요."

"그래봤자 소용없어요, 걔네들은 자기들 규정이라고 그렇게 안 해줘요."

"그런 게 어딨어요?"

"그런 게 있어요. 실제로..."

"그럼 어떻게 해요?"

"원칙대로 한다면 열다섯 개의 지방종을 열다섯 번에 걸쳐 나눠서 한 개씩 떼어야 해요."

"예? 열다섯 번을 수술받아야 된다구요?"

"예."

"어휴, 그럼 회사에서 짤려요. 이것도 가까스로 허락받고 나와서 하는 건데, 이걸 열다섯 번이나 하면 회사에서 가만 안 있죠..."

"어쩔 수 없어요. 안 그러면 제가 삭감을 당한다니깐요..."

"에이, 그러지 마시고 그냥 한 번에 다 해주세요."

"환자분, 환자분의 지방종은 양팔, 양다리에 걸쳐서 다 퍼져 있기 때문에 수술을 하려면 각각의 부위마다 다 각각 소독하고 수술포를 덮어야 하는데 그러려면 적어도 네 개의 수술포 세트가 필요하고, 거기다가 열다섯 군데에 다 국소 마취제를 주사하면 용량이 너무 많아서 심장에 무리가 될 수도 있어요. 기술적으로도 국소 마취를 하면서 다 한꺼번에 뗄 수가 없어요."

"그럼 오른쪽 팔만이라도 한 번에 다 떼어주세요."

"아까도 말씀드렸지만, 그러면 저희가 삭감이 될 수 있다니까요..."

"아이, 그러지 마시고... 좀 부탁드릴게요. 한 번에 다 떼어주세요."

"아이, 참... 그러면 저는 환자분 지방종을 오른쪽 팔에서만 열한 개를 떼는 수술을 하고도

나라에서 수술비는 다 못 받아요."

"아이, 좀 그냥 해주세요."

"제가 손해가 나는데두요?"

"......"

"삭감이 되어서 수술비를 못 받으면 저는 일은 일대로 다 해주고도 그게 다 공짜로 해준 게 되는 거잖아요..."

"아이, 그래도 그냥... 부탁 좀 드릴게요..."

"저보고 그냥 손해 보라구요?"

"......"

환자가 잠시 생각하더니 말했다.

"그럼 그 돈 다 제가 드릴게요."

"삭감되는 금액을요?"

"예."

"그거 불법입니다."

"예? 왜요?"

"급여가 되는 수술을 국가에 청구하지 않고 환자한테 비용을 다 받는 것은 불법으로 되어 있어요."

"내가 그렇게 하겠다는데두요?"

"예. 그래두요…"

"아니, 그런 게 어딨어요?"

"그런 게 있어요."

"아이, 참… 그냥 좀 해줘요."

"안돼요, 전 다 삭감당한다니까요…"

"열다섯 번을 어떻게 와요? 그러면 회사 짤려요…"

"……"

"아이, 선생님. 그냥 좀 해주세요, 예?
제가 이거 전부터 되게 불편해서 피부과에도 가보고 했었는데 거기서는 못한다고 하더라구요. 이걸 어디서 수술하는지를 몰라서 그동안 수술을 못하다가 외과에서 하는 거라는 걸 알고 나서 외과를 찾아봤는데 외과가 거의 없어서 여기도 겨우겨우 찾은 거라구요."

"예, 글킨 하죠. 외과가 거의 없어요…"

"그러니까요… 내과, 피부과, 정형외과 뭐 이런 것들은 되게 많은데 외과는 거의 없더라구요."

"외과는 돈이 안 되니까 의사들이 개원할 엄두를 못내요."

"그럼 선생님은요?"

"미친 거죠."

"……"

잠시 조용하더니만

"어쨌든 좀 한꺼번에 다 해주세요."

또 막무가내가 된다.

"휴..."

원칙이라고는 하지만 내가 생각해도 환자에게 열다섯 번을 병원에 오라고 하는 것은 너무 가혹했다.

"환자분, 그러믄요... 오늘은 오른쪽 위쪽 팔의 여덟 개만 떼고 나서 제가 심평원에 문의해 볼 테니 나머지는 다음번에 하시죠."
"아... 그냥 좀 다 해주지..."
"여덟 개를 떼고도 다 받을 수 있을지 없을지도 몰라요. 제가 이 정도까지 는 양보했으니 환자분도 협조 좀 해주세요."
"......"

결국 오른쪽 팔의 위쪽에서 여덟 개의 지방종을 여섯 개의 절개를 가해 떼 어냈다.

수술을 하고 나서 심평원 심사부에 전화를 하는데 오후 내내 통화중이거 나 담당자가 자리에 없댄다. 결국 그 날은 문의를 포기했다.

다음날.
환자가 다시 왔다. 상처 부위 소독을 해야 하니 오기는 와야 하는 것인데...
"오늘 나머지 거 다 해주시면 안돼요? 여기랑, 여기랑, 여기랑, 여기..."

'하아... 아직 심평원에 물어보지도 못했는데...'

"그렇게 안 된다고 말씀드렸잖아요... 그리고 오늘은 토요일이라 저희가
수술을 안 해요."
"아, 그냥 좀 해주세요. 또 올 수가 없어서 그래요."
"기술적으로도 불가능하다니까요... 그러다 상처 감염돼요."
"그럼 오른쪽 팔에 남은 거라도 좀 해주세요."
"하아... 진짜..."

토요일이라 심평원에 문의도 할 수 없는데 막무가내로 해 달라고 했다.
결국 별 수 없이 오른쪽 팔에 남은 세 개를 더 떼어냈다.

"양쪽 다리랑 왼쪽 팔은 언제 해요?"
"아, 쫌... 심평원이 어제는 전화를 안 받고, 오늘은 쉬는 날이라 물어보지
도 못했는데
벌써 열한 개를 떼었잖아요... 좀 물어본 다음에 하시자구요..."
"예."

천만 년 만에 수술이 잡힌 월요일. 웬일로 외래 환자가 20명이나 왔다.
(알아요, 알아... 우리 병원 환자 없어요, 그래...)
외과 환자들은 약만 주고 끝나는 환자들이 아닌지라 외래 환자가 20명이
넘으면 좀 바빠지고, 30명이 넘으면 정신이 없다. 게다가 반 이상이 신환

320

이면...

간만에 밥값 좀 하나 싶은데...

또 왔다. 그 환자...

"원장님, 오늘 나머지 거 다 떼어주세요."

아니, 무슨...
수술을 자기 원하는 날에 갑자기 찾아와서는 그 날 해달라고 하니 황당하기 짝이 없다.

"이렇게 아무 때나 와서 해달라고 하면 어떡해요... 오늘은 정말 안 되니까 담에 오세요, 담에..."
"그럼 담에 이거 다 떼어요?"
"봐서요, 봐서... 제가 지금 좀 바빠서..."
"예, 그럼 내일 오전에 올게요."
"아, 아니, 내일 말구요..."

하는데 환자가 가버렸다.

'안 와도 되는데..'
결국 월요일도 문의를 못했고 환자는 화요일에 또 왔다.

"오늘은 양쪽 다리랑 왼쪽 팔 해주세요."

"그렇게 안 되는 거라고 이전에도 말씀드렸죠? 저희 다 삭감된다구요..."

"그냥 제가 돈 드릴게요."

"불법이라니까요..."

"누가 왜 이런 말도 안 되는 법을 만든 거예요?"

"제 말이요..."

"아무튼 오늘 다 해주세요. 부탁 좀 드릴게요, 에이 참..."

"안된다구요... 더구나 오늘 오전에 대장 내시경할 환자가 있어서 환자분 수술을 할 수가 없어요."

"아, 이거 시간도 얼마 안 걸리잖아요, 이 말 할 시간에 살짝 해주시면 되겠네..."

'헐...'

결국 또 졌다. 양쪽 대퇴부의 지방종 세 개를 떼어냈다. 지금까지 열네 개를 떼었다. 이제 남은 것은 한 개... 라고 생각하고 있는데...

"여기 또 있더라구요, 여기도, 여기도, 여기 몸통에도..."

'헉...'

환자가 가고 나서 아예 마음을 먹고 핸드폰을 붙잡고 진료실 문을 닫고 앉았다.

심평원 서울지사 심사평가부. 3779-OOOO. 항상 들려오는 그 년 목소리...

"코로나 19로 사회적 거리를 두지만 마음은 언제나 함께 하는 건강보험 심사평가원입니다. 정확한 상담을 위하여 통화 내용이 녹음됩니다."

'마음이 항상 함께 해? 웃기시네... 삭감이 항상 함께하는 거겠지...'

바로 이어지는 소리

"뚜뚜뚜뚜뚜뚜뚜뚜뚜뚜뚜뚜뚜뚜뚜"

'오늘도 통화가 안 되는 거냐? 오냐, 내 오늘은 끝장을 본다...'

네 번을 더 전화를 건 후에야 통화가 된다.

"아, 저는 OOOOOO 원장인데요... 문의 드릴 게 있어서 전화 드렸습니다."
"예."
"저희 환자 중에 다발성 지방종으로 수술을 한 분이 있는데요... 전부 열다섯 개의 지방종이 있는데 이게 다 부위가 각각이라서 수술을 하게 되면 청구를 다 할 수 있는지 문의하려구요..."
"아, 그러시면 선생님께선 고시를 다 읽어 보셨는데 이해가 안 되어서 문의

하시는 건가요?"

"고시요? 무슨 고시요?"

"수술 수가 산정에 따른 고시 말씀인데요."

"아, 그건 아니구요... 수술을 다 했을 때 열다섯 개의 수술료를 다 청구할
수 있는..."

"아, 그런 거라면 저희가 담당 부서가 아니구요, 원주 본원의 심사기준부로
전화하셔야 되거든요..."

건강보험 심사평가원은 본원이 원주에 있다.

어마어마한 신식 건물을 새로 지어서 옮겨갔지... 내 세금...

"심사기준부요?"

"예, 거기 전화번호가요, 033-739-OOOO, XXXX 두 개거든요... 여기로
전화하셔서 문의하세요."

"아, 예..."

원주로 다시 전화...

(아, 참... 요즘에 생긴 버릇인데... 심평원이든, 보건소든 공무원들이라면
누구나 통화를 할 때 항상 통화 내용을 녹음한다. 왜 그러냐구? 애들은 통
화하는 애들마다 다 얘기가 다르거든... 이 글을 쓰고 있는 지금, 녹음된
내용을 반복해서 들어가며 쓰고 있다.)

"아, 예, 수고하십니다. 여기는 서울에 있는 OOOO외과라고 하는데요, 서

울 분원에 문의를 했더니만 본원에 직접 물어보라고 해서요... 저희가 피하 지방종을 총 열네 개를 떼었는데요,

이게 다 청구가 가능한지를 좀 여쭤 보려구요... 저희가 연부조직 양성종양 절제술, 코드번호 N0233100을 했는데요,

전부 열네 개를 세 차례에 걸쳐서 여덟 개, 세 개, 세 개 해서 수술을 했는데, 이걸 N0233100을 각각 여덟 개, 세 개, 세 개씩 넣어서 청구를 해도 삭감이 안 되는 건가 해서요...”

“아... 그럼 연부조직 양성종양 절제술의 수술비 산정 기준을 물어 보시는 거죠?”

“예, 그렇죠.”

“그럼... 저희가 어떤 기준으로 산정하고 있는지 우선 찾아봐야 할 것 같은데요...”

“예.”

“제가 좀 찾아보고 다시 연락을 드리겠습니다.”

“예, 그럼 제 전화번호가요... 010-OOOO-OOOO입니다.”

“예.”

전화는 세 시간 쯤 후인 오후에 왔다.

“저희가 알아보니까요...”

“예.”

“연부조직 양성종양 절제술에 대한 특별한 산정 기준은 없구요...”

“아... 그래요?”

“근데 이게 환자 한 분한테 그렇게 많은 건가요? 열 몇 개씩이나 될 정

도로?"

"lipomatosis(지방종증)라고 해서 왜 생기는지는 모르지만 이런 걸 피하조직에 다발성으로 많이 가지고 있는 분들이 있어요."

"그럼 이걸 한 번에 다 떼시나요?"

"환자한테는 그게 좋죠."

"저희가 일차 봉합술에 대해서는 기준이 있어서 팔, 다리, 몸통으로 부위를 나누어서 산정하도록 되어 있는 기준은 있는데 지방종에 대해서는 딱히 나와 있는 산정 기준이 없어요."

"그럼 다 한꺼번에 떼고 나서 다 청구해도 삭감이 안 될 거라는 말씀이신 거죠?"

"아... 그게... 삭감이 될 지 안 될 지에 대해서는 저희가 알 수가 없구요..."

"예? 산정 기준 자체가 없는데 어떻게 삭감을 해요?"

"그건 저희가 하는 것이 아니고 심사부에서 하는 거거든요..."

"여기가 심사부 아니예요?"

"저희는 심사기준부구요, 실제로 삭감은 서울 분원의 심사부에서 해요."

"아..."

"그래서 이 건에 대해서는 서울 분원 심사부에 다시 문의를 하셔야 되는데요..."

"아, 그럼 또 다시 전화를 걸어야 되는 건가요?"

"아니, 그건 아니구요, 지금 전화를 걸어도 거기서 삭감이 된다 안 된다를 얘기할 수는 없을 거예요."

"그럼요?"

"일단 청구를 하신 다음에 심사 결과에 따라 이의 신청을 하시든지..."

"예, 그럼 결국 삭감시킬 거라는 거 아니에요?"

"그건 확실하게 저희가 말씀을 드릴 수가 없구요..."

"아니, 산정 기준 자체가 없다면서요?"

"예, 그건 그런데..."

"하... 참... 그럼 제가 하나만 다시 물어 볼게요."

"예."

"이런 환자의 경우에서 열다섯 개를 한 번에 다 떼지 않고 하나씩 열다섯 번을 수술하면 어떻게 되나요?"

"열다섯 번을 수술 하신다구요?"

"예. 그러면 삭감은 안 되는 거죠? 원칙적으로..."

"아... 예... 그건 그렇긴 한데... 어휴... 열다섯 번을 수술을 하시게요?"

"그렇죠? 지금 전화를 받으시는 분께서도 '어휴'라고 하시면서 열다섯 번이나 수술을 하는 것에 대해서는 부정적으로 생각하시는 거죠?"

"그렇죠. 한 사람이 수술을 열다섯 번이나 받으면..."

"맞아요. 의사도 환자도 원하지 않죠. 의사도 환자도 될 수 있으면 한 번에 다 떼길 원하죠.

그런데 그렇게 했을 때 삭감이 된다면 의사는 삭감이 되지 않게 하기 위해서 열다섯 번에 걸쳐 수술을 할 수밖에는 없지 않겠어요?"

"그래도 그건..."

"누구나 다 마찬가지일 거예요. 어느 누구도 수술을 열다섯 번이나 받으려고 하지는 않죠. 그런데 의사 입장에서는 삭감이 될 바에야 원칙대로 해서 손해를 보는 것을 피하고 싶지 않겠어요?"

"그렇겠죠... 근데 그것은 의사 선생님들께서 환자분과 잘 상의하셔서..."

"결국 이렇게 된다는 것은 환자와 의사가 싸우게 만드는 꼴이잖아요."

"......"

"의사는 자기가 한 일에 대한 정당한 대가를 받고 싶을 것이고, 환자는 여러 번에 걸쳐 수술을 받지 않고 한 번에 병을 다 제거하고 싶을 테니, 결국 의사와 환자 사이에 다툼이 생길 수 있겠죠. 안 그렇겠어요?"

"그럴 수 있겠네요."

"그런데 심평원에서는 이런 것에 대한 기준조차 없다고 하시니..."

"저희가요... 예전에도 이런 케이스에 대한 질의를 받은 적이 있어서 이 기준을 정해야 한다는 얘기가 있었는데요, 아직까지는 이렇다 하게 정해진 것이 없어서..."

"제가 지금 병원을 개원한지 5년이 넘었는데요, 저도 이전에는 페이닥터를 했었거든요. 이런 케이스의 환자를 여러 명 수술도 했었구요. 심한 환자의 경우 한 번에 스물여섯 개를 수술한 적도 있었어요. 그런데 그 때는 제가 청구를 하는 것이 아니고 보험부에서 청구를 하는 것이라서 신경을 쓰지 않고 환자가 해 달라는 대로 다 해줬었는데 이제는 제가 청구도 해야 되는 입장이 되니까 이런 문제를 알게 된 거죠.

모르긴 몰라도, 그때도 분명 이런 문제에 대해 심평원과의 사이에서 문의가 있었을 텐데 5년도 넘게 지난 지금까지도 이런 케이스에 대한 산정 기준이 없다는 것은 좀 이상한 거 아니예요?"

"저희도 그런 경우에 대해 기준이 있어야 한다고 말씀은 드리고 있지만 아직 기준이 만들어지지가 않아서..."

"하긴, 지금 전화 받으시는 분이 무슨 잘못이 있겠어요. 기준은 위에 계신 높은 분들이 정하는 건데..."

"예..."

이 심평원 직원을 데리고 더 얘기를 해 봤자 아무런 소용이 없었다.

결론은 '산정 기준이 없다'라는 것이고 '일단, 청구 후에 삭감이 되면 그때 가서 이의 신청을 해라'라는 말이다.

"예, 그럼 심평원에서도 기준이 없으시다니 청구를 했을 때 삭감을 할 기준도 없겠네요?"

"그건 저희가 뭐라고 말씀을 드릴 수가 없는 거구요..."

"아니, 그렇잖아요. 산정 기준조차 없는데 무슨 근거로 삭감을 하겠냐구요?"

"그건 분원 심사부에..."

고장난 녹음기... 절대로 변하지 않는다. 자기만 책임에서 벗어나면 된다는 생각. 전형적인 공무원...

"예, 일단 알겠습니다. 더 말씀을 드려봐야 결론이 안 나겠네요."

"예, 죄송합니다."

"뭐 전화받으시는 분께서 미안해 하실 것은 아니구요... 일단 수술 갯수를 다 넣어서 청구를 해 봐야겠네요."

"예."

"예, 수고하십시오."

전화를 끊었다.

'어떻게 이렇게 주먹구구식으로 돌아가지?'

라고 생각하시는 분들도 있지 않나요? 실제로 비일비재합니다...

자, 그럼... 이런 문제가 생기는 근본적인 원인을 알아보자.

(의사들이야 뭐가 문제인지를 다 알고 있으니 의사가 아닌 분들에 대한 설명이다.) 수술 산정 기준을 만들지 않는 공무원들의 나태함? 아님, 무턱대고 삭감을 해대는 심평원의 폭거? 그런 게 근본적인 문제인가? 절대 아니다.

'청구대행제' 이것이 근본적인 문제이다.

일반적인 보험(자동차보험, 상해보험, 실손보험 등등)에서는 보험사와 가입자 사이의 일대일 매칭이 이루어진다. 가입자가 보험료를 납부하고 보험사는 일정 수준의 보장을 한다.

예를 들어, 보험 가입자가 병원에서 수술을 받으면 일단 가입자는 자신의 돈으로 병원비를 지급하고 병원에서 진단서나 진료 영수증을 발급받아 보험사에 제출하면 보험사는 계약서 상의 정해진 범위에 한하여 가입자에게 그 돈의 일부, 또는 전부를 지급한다.

여기에 제 3자인 병원, 또는 의사는 전혀 개입하지 않는다.

국민건강보험도 역시 일종의 보험회사다. 국민이 보험 가입자가 되고 국가(국민건강보험공단)가 보험회사인 셈이다. 일반적인 보험회사와 가입자 간의 룰을 따르게 되면 국민(보험 가입자)은 병원에 가서 수술을 받은 후 자신의 돈으로 병원비를 지급하고 병원에서 진단서나 진료 영수증을 발급 받아 보험사(국민건강보험공단)에 제출하면 보험사(국민건강보험공단)는 정해진 범위에 한하여 국민(가입자)에게 그 돈의 일부, 또는 전부를 지급 하면 된다.

여기에 제 3자인 병원, 또는 의사는 전혀 개입하지 않아야 하는 것이 맞다.

그러나 현행 제도를 보면, 국민(보험 가입자)은 병원에 가서 수술을 받은 후 자신의 돈으로 병원비를 지급할 때 전체 진료비의 3분의 1 정도만을 병원에 내고, 병원(의사)이 보험사(국민건강보험공단)에 나머지 3분의 2를 청구하도록 되어 있다.

보험회사는 그 주체가 일반 회사든 국가 기관이든 상관없이 지급 금액을 최대한 줄여 손실을 방지하거나 이득을 추구한다. (자기 직원들 월급은 줘야 할 것 아니냐구...)

일반 보험회사들이야 환자(보험 가입자)와의 사이에서 지급을 하네 마네 하면서 찌그럭째그럭거리겠지만... (보험회사에서 돈이 잘 안 나오는 경우 가 있잖아요... 그게 그런 겁니다.)

국민건강보험이라는 국가 기관은 일반 보험회사들이 가입자에게 하는 짓을 병원 또는 의사에게 하는 것이다.

무슨 말이냐면...

일단 치료를 받은 가입자(환자)는 제 3자로 빠지게 되고 국가에서 일반 의료기관을 상대로 돈을 주네 마네 하면서 찌그럭째그럭한다는 소리다.

분명, 가입자와 보험회사 간의 일임에도 불구하고, 여기에는 의사가 끼어들 하등의 이유가 없는데도 불구하고, '국가'라는 공권력을 앞세워 강제로 지정한 제도이다.

그럼 왜 자유시장경제를 무시하는 이런 변칙적인 제도를 만든 것일까?

국가(정부)의 입장에서는 다수의 국민을 상대로 지급액을 후려치려고 했다가는 당장에 정권이 날아가버릴 반발을 불러 올 수 있다. 그러나 소수의 의사들을 상대로 지급액을 후려치게 되면 공권력으로서 컨트롤이 쉬울 뿐만 아니라, 평소 의사들을 미워하는 국민들의 암묵적 동의 하에 '삭감'이라는 칼을 마구잡이로 휘두를 수 있기 때문이다.

보험 가입자나 보험회사와는 상관없이 의료 서비스를 제공할 뿐인 제 3자의 입장에서 의사 또는 의료기관은 전혀 여기에 끼어들 이유가 없으나 공권력에 의해 강제되어진 입장인 데다 정당한 의료 서비스를 제공하고도 그 대가는 제대로 받지 못하는 신세가 되는 것이다.

이 '칼'을 마음대로 휘두르기 위해 만들어진 또 다른 별도의 국가 기관이 바로 '국민건강보험 심사평가원(심평원)'인 것이다.

그것도, 의사를 포함한 국민(보험 가입자)이 낸 세금으로, 그 비대한 조직이 말이다...

이해가 잘 안되나? 그럼 다른 나라의 경우는 어떤가 보자.

미국의 경우 일반적인 보험회사와 가입자 사이의 관계를 따라 의료기관에서 수술을 받고 난 후 환자가 직접 먼저 지불을 한 후 보험회사로부터 지급을 받거나 보험회사가 의료기관에 지급을 하게 된다. 그런데 이때도 역시 보험회사는 최소한의 비용을 지급하기 위해 의료기관과 소송을 하는 일이 다반사다.
그러나 우리나라와 다른 점은 수술비 등 진료 및 치료 관련 비용을 국가가 관여하지 않는다는 것이다. 그래서 의료기관은 소송을 대비한 금액을 진료, 수술비에 포함하여 산정한다.

영국 등 사회주의 의료보험 시스템을 가지고 있는 국가들의 경우, NHC (National Health Care)의 경우 무료로 진료를 받을 수 있고 NHC에 속해 있는 의사들의 경우 국가로부터 월급을 받게 되어 있다. 이로 인해 의료의 질이 떨어지고 진료나 수술을 받으려면 오랜 기간을 기다려야 한다는 것은 이미 유명한 얘기이다.

게다가 이 사회주의 의료 시스템 내에서도 민간 의료 자체는 존재하여 국가로부터 월급을 받는 의사들마저도 민간 의료기관에서 봉직을 할 수 있도록 되어 있다. 그래서 이 민간 의료기관에서 진료를 받을 경우 진료비나 수술비 등은 환자가 직접 지불하게 된다.

민간 의료기관을 이용할 경우 그 의료의 질이나 속도는 NHC와 비할 바가 아닐 정도로 좋다.

우리나라와 가장 비슷한 의료 전달 체계를 가진 나라가 일본인데 우리나라와 거의 비슷하게 환자가 의료기관에서 진료를 받을 경우 의료기관은 국가건강보험에 청구를 하는 방식이다.

다만 우리나라와 다른 것은 의료인들에 대한 일반 국민들의 인식이 매우 긍정적이고 소위 바이탈 진료과의 수가 산정이 우리나라와는 다르게 매우 합리적이라는 점이다.

완전한 자유시장경제에 기초한 미국.

사회주의 의료 시스템을 갖추고도 민간 의료 시스템을 병용하는 영국.

우리나라와 비슷하지만 합리적인 수가 체계를 가진 일본.

어느 나라도 우리나라처럼 살인적인 저수가, 의료인에 대한 시기와 적대감, 그러면서도 하등의 이유가 없는 청구대행제를 시행하는 나라는 없다.

그럼에도 불구하고...

1. 뛰어난 의료 접근성.

: 대학병원에서 진료 보려고 한두 시간 기다려야 한다는 이유로 의료 접근성이 낮다는 개소리는 하지 마시길... 영국, 캐나다, 호주, 뉴질랜드 같은 영연방 국가는 물론이고 유럽의 여러 나라도 전문의 한 번 만나려면 수개

월을 기다려야 한다.

2. 세계 최고의 실력을 가진 의료진.
: 다른 나라에서 맹장염 수술 한 번 받아봐라.
여행 중에 맹장염이 생겨 독일에서 수술받은 환자였는데 복강경은커녕
Hockey-stick incision(하키스틱처럼 J자 형으로 생긴 절개창)으로 15cm
넘게 짼 환자도 봤다.

3. 중증 질환(암, 희귀 질환)의 경우 더 낮아지는 본인 부담률.
: 암, 희귀 질환의 경우 본인 진료비의 부담률은 5%밖에 되지 않는다.

우리나라보다 잘 사는 다른 모든 선진국이 우리나라의 의료 전달 체계를
부러워하면서도 절대로 따라하지 못하는 이유를 아는가?
우리나라의 제도를 도입하려 했다가는 그 나라 의사들의 반대가 엄청날
것이고 정부 또한 이런 제도를 강제로 도입하려는 것이 개인의 자유와 권
리를 침범하는 반민주적인 폭거라는 것을 알기 때문이다.
즉, 내가 하기 싫으면 남에게도 강요할 수 없다는 생각.
그런 common sense(상식)가 정치인뿐만 아니라 국민 의식 저변에도 깔
려 있기 때문이다.
그러나 우리나라에서는 이런 common sense(상식)를 기대하기 힘들다.
결국, 국민성 때문인 거다…
반면 비보험 진료과들은 어떨까?

혼히들 알고 있기로는 성형외과, 피부과 등을 대표적인 비보험 진료과로 알고 있는데 엄밀히 말하면 이것은 틀린 말이다.

일반적으로 성형외과라고 하면 죄다 cosmetic surgery(미용 수술)만 생각하는 경우가 대부분인데 대학병원에 있는 성형외과의 경우 cosmetic surgery(미용 수술)보다 reconstruction surgery(재건술)를 더 많이 한다. 압도적으로...

reconstruction surgery(재건술)란 skin transplantation(피부 이식), tendon rupture repair(건(힘줄) 파열 봉합술), orbital bone fracture(안와부 골절), nasal bone fracture(비골(코뼈) 골절), facial bone fracture(안면골 골절 : LeFort fracture 등) 등을 수술하는 것으로

이러한 수술은 100% 의료보험 대상이 되는 수술이다. 대개 얼굴 쪽 외상의 경우도 성형외과의 영역이다.

주위를 둘러보자. 개원해 있는 성형외과 의원, 또는 병원 중에 이러한 재건 수술을 하는 곳이 몇 군데나 될 것 같나? 전국을 찾아봐도 거의 없을 걸? 그 이유가 뭘 것 같나?

내가 레지던트를 마치고 막 공보의가 되었던 시절.

당시 아직 세 살밖에 되지 않은 큰아이가 차 안에서 넘어져 코를 찧었던 적이 있었다.

코뼈가 부러지지는 않았는지 걱정이 되어 nasal bone fracture(비골 골절)를 보는 곳이 성형외과라서 근처의 성형외과로 갔다.

"저희는 안 봐요."

접수대 간호조무사(?)의 차가운 대답.

"코뼈 골절은 성형외과 영역 아닌가요?"
"저희는 미용 성형만 해요."
"그럼 코뼈 골절은 어디로 가야 하나요?"
"정형외과나 외과로 가 보세요."

결국 정형외과에 가서 사진을 찍고 다행히 골절은 아니라는 얘기를 들었었다.

그 성형외과 원장도 분명 대학병원에서 트레이닝을 받는 동안 무수히도 많은 nasal bone fracture(비골 골절) 환자를 보았을 것이고 치료도 했을 것이다. 반면 정형외과 원장은 트레이닝 기간 거의 본 적 없는 환자일 것이다. 그럼에도 불구하고 실제 개원가에서는 성형외과에서 진료를 하지 않는다. 왜 그럴까?

성형외과 개원가의 대부분은 cosmetic surgery(미용 수술)를 하기 때문에 건강보험이 적용되지 않아
국민건강보험이 적용되는 질환을 볼 경우 반드시 적용되는 '요양기관 당연 지정제'에 해당되지 않는다.
쉽게 말하면 '보험이 안 되는 환자만 보기 때문에 청구를 하지 않는다'라는 말이다.

以夷制夷　337

청구를 하지 않으니 심평원의 심사를 받을 일도 없고 심평원 사이트에 접속을 할 필요도 없어서 병원 내 컴퓨터에 심평원 접속 프로그램 자체를 깔 필요도 없으니 건강보험이 적용되는 소위 '보험 환자'를 볼 수가 없는 것이다. 자기네 영역인데도 말이다.

결국 성형외과의 영역인 질환, 또는 외상에 대해서도 다른 보험 진료과들이 다 떠안게 되는 것이다.

일반적인 '보험과' 의원들은 심평원과 국세청, 두 곳으로부터 실사를 받지만 '비보험과'인 성형외과는 심평원을 만날 일이 없이 국세청만 신경 쓰면 된다.

쉽게 말해 '삭감'을 당할 일이 없다.

의원, 또는 병원으로서는 심평원 실사를 받거나 부당한 '삭감'을 당할 일이 없으니 좋고

국민건강보험공단으로서는 의료보험금을 지급할 일이 없으니 좋다. 누이 좋고 매부 좋고...

우리나라처럼 외모지상주의가 판치는 나라에서는 당연히 성형외과는 손님(? : 환자는 아니니까...)이 많게 마련이고 심평원이나 보험공단을 상대할 일도 없으니 성형외과가 인턴들의 지원 1순위인 것이 어찌 보면 당연한 것이다.

"요즘은 성형외과 좋다는 얘기도 다 옛날 얘기야, 열 명 개원하면 두 명은

좀 잘 되고, 다섯 명은 그럭저럭이고, 세 명은 망해…"

맞다. 그런다고 하더라.

근데 외과는 열 명 개원하면 한 명이 잘 될까 말까고, 세 명은 그럭저럭 현상 유지고, 여섯 명은 망한다.

"그럼 외과도 성형외과처럼 비보험 환자만 보면 되잖아? 왜 보험 환자를 보면서 징징대는 거냐?"

라고 하실 분 계실까?

결론부터 얘기한다면 외과 영역에는 비보험 질환 자체가 없다. 전무하다. 원래의 전공 과목을 버리고 미용 성형 쪽으로 하지 않는 이상 '요양기관 당연지정제'를 피할 길이 없다.

이는 외과뿐만 아니라 거의 대부분의 '보험과'들에서는 공통적인 얘기이며 특히 소위 '바이탈과'에 있어서는 더더욱 그러하다.

제도 자체를 '요양기관 당연지정제', '청구대행제'로 발을 꽁꽁 묶어 놓아서 도저히 '바이탈과', 다른 말로 '필수 진료과', '기피과' 등을 해서는 먹고 살수 없게 만들어 놓구선 의사들에게

"왜 필수 진료과를 하지 않는가?"

"돈만 바라보는 의사 새끼들, 구역질 난다."

"히포크라테스 선서를 잊지 마라."

이러한 전반적인 모순은 가르쳐주려 해도 들을 생각도 하지 않고

"아 몰랑, 하여튼 의사들은 나쁜 놈들이야…"

"의사들은 돈 많이 벌잖아?"

"사명감도 없는 새끼들…"

등등… 비난만 해댄다.

어디 그 뿐인가? 자기는 유방확대술하는 성형외과를 차려놓고서 당연지정제나 청구대행제에 속하지도 않으면서 의사들은 이래야 한다며, 가져야하는 사명감에 대해 주절거리는 파렴치한 성형외과 의사에게는 참의사라며 환호하고, 정작 사람을 살리려는 사명감으로 기피과를 선택한 내과 의사는 불가항력적인 일로 법정 구속시켜버린다.

너무 모순적이지 않나?

필수과를 선택하지 않도록 만든 제도. 필수과를 선택하면 깎아대는 진료비. 필수과를 선택한 의사들이 먹고살지도 못할 정도로 낮은 수가. 필수과를 선택한 의사들에 대한 비난. 필수과를 선택한 의사들에 대한 형벌.

그러면서도 필수과를 선택하지 않는다고 지랄을 해댄다.

도대체 어쩌라고…?

결국 시스템이 바뀌지 않고서는 절대 필수과를 선택하지 않을 텐데도 그걸 알면서도 절대로 바꾸지 않는 시스템. 그 핑계로 슬그머니 들이미는 음서제도…

가끔… 아니 자주… 이 나라가 정말 제대로 이성을 가진 나라가 맞는가 하는 의심이 든다.

이 모든 것을 해결할 수 있는 정부는 이 모든 문제의 원인을 알고 있음에도 불구하고 문제의 근본적 해결은 모른 체 한다.

왜 그럴까?

정부는 국민을 잘 살게 하기 위한 국가 기관이어야 한다. 그러나 실제로 권력을 잡은 이들은 국민을 잘 살게 하기 위한 제도 개혁 따위는 아무 관심이 없다.

오히려 국민을 분열시키고 서로 싸우게 만들어 그들의 실정, 실책, 또는 부정, 비리를 덮으려 한다.

비단 좌파 정부에 국한된 얘기도 아니다. 예전에 있었던 소위 우파 정부에서조차 우리나라의 모순된 의료 전달 체계를 바꾸려 하지 않았다. 그저 상대적으로 힘이 없는 집단 하나를 희생하여 정권 재창출의 목적으로 사용할 뿐, 필수과를 선택하는 의사가 많든 적든 저들에게는 알 바가 아니다.

필수과 전공 의사들의 고갈은 자기 임기 내에 급격하게 오지 않을 것이며 나중에 심각한 문제를 초래하게 될 때까지 남아 있는 필수과 의사들을 쥐어짜기만 하면 어느 정도는 버퍼링이 되기 때문이다.

국민 의식 수준이 깨어 있어서 합리적이라면 이런 위정자들의 문제를 지적하고 더 나은 시스템을 요구해야 하는데...

그런 면에서는 뭐... 그닥...

결국 정부가 원하는 대로 모든 일이 흘러간다.

'以夷制夷'

오랑캐(국민)를 이용해 다른 오랑캐(의사)를 제압한다.

이 과정에서 제압당한 오랑캐는 차츰 멸종할 것이고 제압한 오랑캐 역시 정부에 의해 또 다른 방법으로 제압당할 것이다. 오랑캐(국민)와 오랑캐(의사)가 힘을 합치면 공동의 적을 제압하는 것이 어렵지 않은데도 불구하고 오랑캐끼리 싸운다.

그걸 보며 정부는 즐거워하는 거지...

2000년의 의약 분업 이후 의료비 지출은 엄청나게 늘어났는데도, 그 때 의사들은 이렇게 될 것이라고 그렇게 외쳤는데도... 결국 지금의 상황이 되고 말았다.

필수과 의사들이 모자라게 될 테니 제도를 바꿔야 한다고 주장했지만 국민 어느 누구도 동의하지 않았다.

그저 정부의 꼬임에 빠져 누가 적이고 누가 아군인지도 모른 채 평소 시기하던 의사들을 때리기에 여념이 없다.

이제는 깨달았다. 그리고 포기했다.

요구해봤자 듣지도 않는데 바이탈도, 사명감도 가질 필요가 없다. 내가 선택할 수 있는 것이 하나라도 남아 있을 때 그 기회를 놓쳐서는 안 된다는 것. 의사들을 싸잡아 욕할 수는 있지만 비보험과를 선택한 나를 콕 집어 비난할 수는 없다는 것. 아니, 오히려 살랑댈 거라는 것...

의대생들아, 인턴들아. 그리고 아직은 늦지 않은 레지던트들아...

현명한 선택을 하기 바란다. 너희까지 오랑캐가 되어서야 되겠니...

12

쫄면과 수술

식당에 가서 같은 음식을 두 개 주문하면 한 개 주문한 것보다 돈을 얼마나 더 내야 할까요? 너무 쌩뚱맞은 질문이죠?

예를 들어 보죠. 5천 원짜리 쫄면을 하나 시켜 먹으면 5천 원 내고 나오시죠? 그럼 두 개 시켜 먹으면요? 만 원 내야 하는 게 당연하지요?

뭔 소리냐구요?
쫄면 값 5천 원엔 그 식당의 이용료, 식탁 점유료, 서비스료, 수저 사용료, 심지어 냅킨이나 물 값까지 포함되어 있죠. 그럼 쫄면을 두 개 시켜 먹으면 식당 이용 두 번하고, 냅킨 두 배로 쓰고, 식탁 두 개를 점유하나요? 아니죠? 그런데 왜 가격을 두 배로 내야 하죠?
부수적인 이용료는 두 개를 시켜 먹어도 어차피 한 번만 이용하는 것이니 그 가격을 제외한 쫄면 고유의 가격, 예를 들면 3000~3500원 선이 적당한 것 아닌가요?

뭔 말도 안 되는 헛소리냐구요?
그럼 이건 어떤가요?

병원에서 한쪽 서혜부 탈장(사타구니 탈장)을 수술하는 것에 비해 양측 서혜부 탈장을 수술하면 돈을 어떻게 받아야 될까요? 역시 두 배 내는 것이 당연하다고 생각하시나요?
그렇게 생각하는 것이 상식적이겠지요? 그런데 실제로는 그렇지 않습니다. 양측을 수술하면 단측 수술 비용의 약 40%만 더 내도록 되어 있죠. 국가에서 그렇게 정해 놨어요.

그 근거는 이거죠. 어차피 한 쪽 수술할 때 사용하는 기구나 수술대 등을 같이 쓰니까 두 배를 받아서는 안 된다고요. 그런데 그러기로 하면 식당에서 쫄면 먹을 때도 마찬가지 아닌가요? 쫄면 만드는 조리 기구를 쓸 때, 하나 만들고 나서 바꿔서 다른 조리 기구를 쓰는 게 아니잖아요. 조리하는 사람이나 먹는 사람이나 기구나 시설은 다 한 번 씩 사용해서 두 개를 팔고 사는 거죠.
근데 그래도 돈은 두 배를 내요.
병원에서의 수술은 뭐가 다르죠? 몰라서 그래요. 합리적인 이유를 아시는 분 안 계시나요?

우리나라 의료보험제도는 수요자 중심의 사회주의 제도입니다. 그런데 병원 설립 및 운영에 있어서는 철저히 자유시장경제제도를 적용하죠.
어렵나요? 쉽게 말해 이겁니다.

"식당 개업은 보증금, 월세, 권리금, 인테리어 비용, 식기... 전부 니 돈으로 하고 음식 팔 때 음식 가격은 내(국가)가 정해준 대로만 받아!"

님들 중에 식당 하시는 분 계시죠?
어느 날 갑자기 정부에서 원가에도 못 미치는 음식 값을 정해주고 그것만 받으라고 하면서, 더 받으면 식당 영업 정지 때리겠다면 어떻게 하시겠어요?

13

환자분, 이거 뗄까요, 말까요?

지금이야 그런 경우가 거의 없지만 라떼는 appendectomy(충수돌기 절제술) 정도는 레지던트 2년차 때부터 집도를 시작했다.

1년차일 때도 많이 했지만 그 때는 윗년차 레지던트가 assist(수술 보조)를 한 상태에서 집도하는 형식을 취했고 내가 내 아랫년차나 인턴을 데리고 수술을 할 때는 2년차 때부터였다. 내 윗사람의 도움 없이 오로지 나만의 결정 권한을 가지고 하는 수술.

그 때부터가 완전한 의미의 '내 수술'이 된다.

외과 의사에게 appendectomy(충수돌기 절제술)란 가장 기본 중의 기본이 되는 수술인데 외과 전 영역의 수술 중에서 가장 쉬운 수술임에도 불구하고 교수님이나 시니어들이 아랫년차 레지던트에게 수술을 허락할 때는 일정 수준의 기준이 있다.

그 기준이 'Rt. hemicolectomy(우측 대장 절제술)을 할 줄 아느냐?'인데 이게 왜 appendectomy(충수돌기 절제술) 집도의 기준이 되는지를 알게 되는 것은 그리 오래 걸리지 않는다.

요즘이야 appendicitis(충수돌기염:흔히 말하는 맹장염)이 의심되면 복부 CT를 바로 찍어서 확인하지만 내가 1,2년차 때만 하더라도 appendicitis(충수돌기염)에 CT를 찍으면 죄다 삭감이 되었는 데다가 '외과 의사가 P/E(Physical Examination:이학적 검사)만으로 appendicitis(충수돌기염)를 진단해야지 CT의 도움을 받으면 안 된다'라는 생각이 팽배했던 시절이라 웬만해서는 CT를 찍지 않았다.
보통의 사람들이라면

"맹장? 그까짓 거 뭐 대단한 수술도 아닌데 뭘..."

하겠지만...

appendicitis(충수돌기염)라면 다 똑같을 줄 알지?
염증의 정도에 따라 focal(국소 염증), suppurative(화농성), gangrenous(괴사성), perforated(천공성), abscess(농양)까지 다양하고 수술 방법, 수술 시간 또한 천차만별이다.
appendicitis(충수돌기염)를 수술하다 보면 외과 의사들이 흔히 얘기하는 '굿모닝 아뻬(개복을 하면 절개창 바로 아래에 위치하여 찾기도 쉽고 주변

부의 염증이 없어 수술이 쉬워 매우 금방 끝나는 충수돌기염)'부터 '니주가 리씨빠빠(충수돌기가 터져 농양을 형성한지 오래 되어 대장 및 소장, 대망 등이 들러붙어 해부학적 구조가 구별되지 않으며 dissection(박리)도 불가능할 정도의 충수돌기염)'까지 너무나도 다양한 상황을 접하게 되는데 이런 내용을 모르는 일반 환자나 보호자들은 '그까이 꺼'로 치부해버리니 외과 의사들이 얼마나 답답하겠나?

"야 임마, 아뻬(충수돌기염) 우습게 알지 말어..."

레지던트 시절 모 교수님이 하시던 말씀이다.

#1

2년차 때.
근무하던 병원이 있는 지역은 우리가 appendicitis endemic area(충수돌기염 풍토병 지역)라고 부를 만큼 충수돌기염 환자가 많았다. 거의 매일 밤 응급 수술을 해야 할 정도...

"형, 아뻬(충수돌기염) 같은데요..."

응급실 콜을 받고 갔던 1년차가 의국으로 전화를 해왔다.
"스케줄 내."

당시 그 병원은 밤에 온 충수돌기염 환자는 몇 시를 막론하고 당장 수술해야 하는 병원이었다. 아픈 환자를 당장 치료해주지 않는 것은 의사의 자격이 없는 것이라는 원장님을 역임하신 외과 교수님의 지론 외에도 워낙 평일 낮의 수술 스케줄이 많다보니 다른 응급 수술 스케줄이 들어갈 틈이 없는지라 그때그때 해결하지 않으면 절대로 해결하지 못하는 수술이기 때문이기도 했다.

"형, 10분 후에 환자 올라가요."
"응."
"형이 하실래요?"
"왜? 니가 할래?"
"그러면 좋고…"
"그래, 그럼 내가 봐줄게."

그렇게 1년차의 몫이 되었다.

몸은 왜소하고 연세가 많은 할머니였다. 마취 전에 배를 만져보는데 그 작은 배인데도 우측 복부 전체가 '딴딴'하다. 몸은 따끈따끈하다.

'아… 이거… 힘들겠는데…'

1년차 녀석이 수술자 자리에 섰다.

"이 할머니 언제부터 아프셨대냐?"

"한 보름 정도 되셨다네요."

"에이..."

"터진 것 같죠?"

"터지기만 했으면 다행이게... 야, pararectal(복부직근 측면 절개)로 열어."

배를 열어보니 아니나 다를까...

충수돌기는 흔적도 없고 Cecum(맹장), Rt. colon(우측 대장), terminal ileum(말단부 회장), omentum(대망)까지 다 엉겨 붙어 어디가 어딘지 알 수가 없다. 게다가 염증이 하도 심해서 엉겨 붙은 모든 장기는 자동차 타이어처럼 딱딱했다.

"우와... 형, 이건 어디가 어딘지..."

"할 수 있겠어?"

"힘들겠는데요..."

"자리 바꾸자."

1년차와 자리를 바꿔 수술자 위치로 옮겼다.

우측 대장의 길이는 한 뼘도 되지 않고 hepatic flexure(간만곡부)까지 딱딱했다.

"Ileocecectomy(회장-맹장 절제술)도 못하겠다. Rt. hemicolectomy(우측

대장 절제술)하자."

"예."

terminal ileum(말단부 회장)과 hepatic flexure(간만곡부)를 포함하여 우측 대장을 절제하는데 하도 염증이 심해서 우측 대장을 복벽으로부터 떼어내는 데도 장난이 아니다.

겨우 겨우 우측 대장을 들어 올려 절제를 하고 end-to-end ileocolic anastomosis(단단 회장-대장 문합)을 했다.

"보호자 설명은 내가 할게."

"예."

수술이 끝나고 환자 보호자에게 설명했다.

"할머니가 너무 오랫동안 병원에 안 오시고 버티셔서 염증이 다 퍼져 있었어요. 충수돌기는 이미 다 녹아버려서 고름집을 형성해 있고 대장과 소장이 다 들러붙어서 우측 대장을 절제하는 수술을 했습니다."

"어휴... 그렇게 심했어요?"

"예, 너무 오래 참으셨어요."

"아이구... 감사합니다. 수고하셨습니다. 근데 그렇게 대장을 잘라도 괜찮나요?"

"한동안 설사는 좀 하실 거예요. 식이조절 잘 하셔야죠."

"생명엔 지장 없어요?"

"예, 그럴 정도까지는 아니예요."

"감사합니다. 감사합니다."

수술 전에 아무리 검사를 한다 해도 막상 수술방에서 배를 열어 보면 수술 전 예상과 다른 경우가 종종 있다.

암 수술의 경우에도 종종 있는데 외상 환자의 경우는 그보다 더하다. 뿐만 아니라 adhesive ileus(유착성 장 폐색)의 경우는 수술 전 미리 수술의 범위를 결정할 수 없는 경우가 대부분이다. 오죽하면 외과 수술명 중에 Explolaparotomy(시험적 개복술)이라는 말이 있겠나?

Explolaparotomy(시험적 개복술)...

말 그대로 '뭔지 모르겠으니 한 번 열어보자'라는 말이다.

"뭐? 뭔지도 모르고 무작정 열겠다고? 이 새끼가 미쳤나? 그게 의사란 새끼가 할 소리야?"

당장에 나올 말이다.

그러나 외과학 교과서에 엄연히 나오는 정식 명칭이고 응급 상황의 경우 매우 유용하게 실시되는 수술이다. 일단 배를 열고나서 안을 들여다 본 이후에 수술 방법을 결정하자는 말인데 이때 가장 중요한 것이 surgeon(외과 의사)의 decision making(판단 결정)이다.

"의사에게는 매 시간, 매 분, 매 초가 decision making(판단 결정)의 연속이다. 그 수많은 과정 하나하나가 다 맞는 판단을 해야만 환자가 산다. 자신 없는 놈들은 지금이라도 의대를 때려쳐라."

의대생 때 외과 교수님의 말씀이었다.

#2

페이닥터 때.
응급실로 온 adhesive ileus(유착성 장 폐색) 환자. simple abdomen(단순 복부 촬영)에서도 확연히 보이는 small bowel dilatation(소장 확장) 소견.
환자는 매우 아파한다.
당연히 배는 surgical abdomen(수술이 필요한 복부).

"언제부터 아팠어요?"
환자는 대답도 못 할 지경이고 보호자가 말한다.

"처음부터 아프다고 한 건 1주일 정도 됐구요, 심하게 아픈 건 어제부터…"
"에구… 왜 이제야 오셨어요… 환자분 수술하셔야 되요."
"무슨 수술이요?"
"유착 박리만 하게 될지 장의 일부를 잘라야 할지는 수술방에서 배를 열어보고 나서 결정할 겁니다."

갑자기 보호자의 얼굴이 어두워졌다.

"왜 그걸 몰라요?"
"유착성 장 폐색은 원래 그래요. 소장은 길이가 길어서 어디가 붙어서 장이 꼬였는지 배를 열어보기 전에는 알 수가 없고, 유착을 풀어도 장이 살 수 있을지 없을지는 눈으로 직접 봐야 아는 거예요. 그리고 반드시 자른다는 게 아니고 자를 수도 있고 그냥 유착만 박리할 수도 있는 거예요."

영 못 미더워하는 표정이기는 했지만 결국 동의서에 사인을 받았다.

정상 소장의 직경은 2~3cm에 불과하다. 그러나 유착성 장 폐색에 의해 늘어난 소장의 직경은 심할 경우 7~8cm까지 되기도 한다.
공기와 소화된 내용물 등으로 인해 빵빵하게 부풀어 오른 소장은 수술방에서 배를 열었을 때 복벽의 밖으로 튀어나오게 된다. 한 번 튀어나온 소장은 decompression(감압)을 하기 전에는 절대로 뱃속으로 들어가지 않는다. 다행히 복벽과 들러붙지는 않은 소장. 그러나...

"에이... 이미 죽었네..."
80cm 정도의 소장은 색깔이 변해 있었다.

주
장 폐색으로 인해 소장이 괴사가 되었는지를 아는 방법은 크게 두 가지인데 하나는 색깔(검붉게 변한다)로 아는 방법이 있고, 다른 하나는 손가락으로 소장을 팅겨보아 소장이 움직이지 않으면 괴사된 것으로 판단한다.

mesentery(장간막)를 조심스럽게 뒤적거려보니 SMA(Superior Mesenteric Artery : 상장간막동맥)의 두 번째 branch(가지)에서 adhesive band (유착밴드)가 장간막의 목을 조이고 있고 이를 중심축으로 하여 소장이 뱅그르르 돌아서 꼬여 있었다.
당연히 동맥이 눌리게 되니 아무리 collateral circulation(측부 순환)이 좋은 소장이라고 해도 괴사가 안 될 수가 없어 보였다.

"잘라야겠다."
괴사된 소장 부분을 잘라내고 end-to-end anastomosis(단단문합)을 시행했다.

"소장의 80cm 정도가 이미 썩어서 그 부분은 잘라냈어요."
"아…"
"지금 마취 깨우는 중이니까 조금 있으면 나오실 거고 병실로 올라가실 거예요."
"예."

환자는 별 문제없이 일주일 후 퇴원했다.

#3

요즘은 거의 대부분의 Cholecystectomy(담낭 절제술)을 복강경 수술로 한다. 심지어 구멍도 달랑 하나만 뚫어서(Single port Surgery : 단일공 수술) 하지...

(개인적으로 나는, 단일공 수술은 수술을 위한 수술이라고 생각하여 별로 선호하지 않지만...)

담낭에 염증이 없는 경우의 복강경 담낭 절제술에 있어 내가 가장 빨리 한 수술은 16분이 걸렸을 때도 있었지만 담낭의 염증이 심하여 주변 장기와 유착이 심하고 담낭이 띵띵 부어 있는 경우에는 세 시간 반이 걸렸을 때도 있을 정도로 담낭염의 경우도 그때그때 다 천차만별이다.

복강경 수술의 경우 수술을 하기 전에 수술동의서를 받을 때 항상 개복 가능성에 대한 설명을 하고 동의서를 받지만 실제로 수술 중 개복을 하는 경우는 그리 흔치 않다.

그러나, 이게 또 아예 없는 것은 아니어서 나의 경우 지금까지 복강경 수술을 하다가 개복술로 전환(conversion)한 경우가 딱 두 번 있었는데

(실력 없다고 뭐라 하지 마라... 복강경 담낭 절제술만 1000개를 넘게 했다.)

이럴 경우 surgeon은 자존심에 상당한 상처를 받는다. (내가 그렇다고요, 내가...)

그냥 처음부터 열었어야 했다...

"수술은 어떻게 하나요?"

"잘 해야죠."

"아니, 그거 말고 수술 방법이 어떻게 되냐구요."

보호자가 처음 물어본 말이 무슨 뜻인지 이미 안다. 그러나 환자에게 있어 최선의 수술 방법은 외과 의사가 정할 일이지 환자나 보호자가 정할 일이 아니잖는가?

"레이저로 안 해요?"
"복강경 수술 말씀인 거죠? 째지 않고 구멍 뚫어서 하는..."
"아, 예... 그거요."
"환자분은 염증이 심해서 복강경 수술로 하기도 어려운 데다 시간도 오래 걸러서 연세가 많으신 분을 오랫동안 전신 마취를 하는 것보다 그냥 열어서 빨리 수술해서 마취 시간을 짧게 하는 것이 더 좋은데요..."
"그래도 복강경 수술로 해 주세요."
"별로 권하고 싶지 않은데요..."
"째면 흉터도 많이 남고 더 아프잖아요."
"그건 그렇지만 젊은 분도 아니고 연세가 70이 넘으셨는데 흉터가 크게 중요한가요?"
"그냥 복강경 수술로 해 주세요."
대학병원은 수술실 시설이 빵빵하여 Harmonic Scalpel(하모닉 스칼펠)이나 리가슈어(이게 뭐냐고? 아, 그냥 그런 게 있어... 있으면 수술하기 정말 편한데 존나 비싼 장비...), 관절이 꺾이는 instrument(기구)(이걸 뭐라고 하는지는 모르겠네...) 등 수술할 때 필요한 무기를 훨씬 많이 가지고 있지만 2차급 병원에서 돈 못 버는 외과를 위해 그런 거 사주는 원장은 없다.

오로지 lapa-clip(복강경 클립)과 loop(루프:실로 만들어진 올가미)로만 수술을 해야 한다.

개고생이 따로 없다.

"수술 시간 길어지고 환자분에게 더 안 좋을 수 있어요."

"그래도 그냥 복강경으로 해 주세요."

"……"

결국 졌다.

아니나 다를까…

엄청 들러붙어서 어디가 어딘지도 알 수가 없다. 낑낑대며 어렵게 어렵게 담낭을 노출시키고 수술을 하는데 담낭을 기구로 잡을 때마다 죽죽 찢어진다.

"어휴…"

일단 한 번 복강경으로 수술을 시작하면 나도 웬만해서는 개복술로 전환하지 않는다.

일종의 자존심 같은 것인데…

"억…"

띵띵 부어 있는 Calot's triad(칼로씨 삼각:담낭관, 담관, 간의 하부연으로 이루어진 해부학적 구조로 이 안에 cystic artery(담낭 동맥)이 들어 있다.)
를 조심조심 헤집다가 cystic artery(담낭 동맥)가 터졌다.

"이런 제길..."

cystic artery(담낭 동맥)에서 뿜어져 나온 피가 복강경 렌즈에 그대로 묻었다.

"빨리 빼서 닦앗!"

어시스트 녀석이 scope(복강경 스코프)를 빼서 거즈로 닦아 다시 넣는 동안에도 피는 계속 뿜어져 나온다.
뿜어져 나온 피가 수술 시야에 고이면 scope(복강경 스코프)로부터 나오는 빛을 흡수하기 때문에 수술 시야는 더 어두워지게 된다. 보이질 않는다고, 보이질...
당황한 어시스트가 scope(복강경 스코프)를 넣다가 다시 또 혈액이 묻었다.

"야, 이 새끼얏!"
"죄송합니다."
"빨리 빨릿... 빨리 하란 말이얏!"
그러나 계속 뿜어져 나온 피는 수술 시야를 거의 깜깜하게 만들었고 이제는 출혈이 되는 부위를 찾을 수도 없다. 심장은 빨리 뛰고 오금이 저린다...

"conversion(개복술 전환) 합시다."

말이 떨어지자마자 모두가 다 바빠진다.
수술상에 나와 있던 복강경 수술 기구들은 다 치우고 개복술 수술 기구로 바꿔야 하는데 수술 기구라는 게 좀 많냐고... 수술용 knife(칼)까지 몽땅 바꿔야 한다.
스크럽 간호사가 수술 기구를 바꾸는 동안에도 cystic artery(담낭 동맥) 출혈은 계속되고 있기 때문에 배를 여는 속도가 매우 중요하다.

"석션(suction), 석션! 야, 이 새끼야, 석션!!"

배가 열리니 온통 응고된 피 천지다.
"saline(생리식염수)!"

saline(생리식염수)을 부어 수술 시야를 씻어내며 연신 석션을 해댔다.
Calot's triad(칼로씨 삼각) 부위를 무작정 엄지와 검지 손가락으로 잡았다.
더 이상의 출혈은 없다.

"saline(생리식염수) 더!"
남아 있던 혈액을 씻어내고 수술 거즈 여러 개를 집어넣고 self retractor

(견인기의 일종)를 걸었다. 조심조심 손가락을 1mm씩 이동시키며 cystic artery(담낭 동맥)의 출혈 부위를 확인한다.

"right angle(수술용 겸자의 일종)!"

따라락...
right angle(수술용 겸자의 일종)의 소리가 그렇게 상쾌할 수가 없다.

"휴... tie(결찰용 실) 주세요."

출혈 부위를 결찰하자 수술방 안의 모든 사람이 안도한다.

"휴... 좆될 뻔했다."
이후 수술은 일사천리로 진행된다.

'처음부터 열었으면 이런 난리를 칠 이유가 없었을 텐데... 그나저나 보호자가 GR을 하겠군... 젠장...'

쏟아져 나온 담석은 cholesterol stone(콜레스테롤 담석)으로 다 세어보지도 못할 정도로 많다. 수백 개쯤?
수술을 마치고 보호자를 만났다.
"환자분의 염증이 너무 심해서 도저히 복강경 수술로 할 수가 없었어요.

그냥 개복해서 수술 했습니다."

"그렇게나 심했어요?"

"연세 드신 분들은 아파도 별 것 아니라고 생각하고 참는 경향이 있어요. 아주머니 같은 경우에도 염증이 심해 쓸개가 썩을 때까지 참으신 거라 배 안이 완전 엉망이었어요."

"수술은 잘 됐나요?"

"수술이 잘 안되면 외과 의사는 수술방 밖으로 못 나와요. 수술은 잘 됐습니다."

"수고하셨어요."

'웬일... GR 안 하네...'

아무튼 다행인 거지 뭐...

수술을 하다 보면 수술 전 예상 범위를 벗어나는 경우가 허다하다. 100% 수술 전 예상과 똑같은 수술은 존재하지 않는다고 봐도 될 정도이다.

병변의 범위나 부위뿐 아니라 해부학적 구조도 사람마다 조금씩 다르다. Hepatobiliary(간담도계)에서는 더욱 더 anatomical variation(해부학적 다양성)이 심하다.

그러나 이 모든 응급 상황, 이 모든 경우의 수를 맞닥뜨리더라도 그 때 그 때 대응할 수 있도록 surgeon(외과 의사)을 훈련시키는 과정. 그게 바로 의학의 training(훈련) 과정이다.

생각을 좀 해 보라고... 그 대단한 수재들이 유급 한 번 하지 않는다고 하더라도 최소 의대 6년, 인턴 1년, 레지던트 4년, 펠로우 2~3년... 총 13~14

년 동안을 훈련을 받는다.

그들이 돌대가리라서 이 오랜 기간 가르쳐야만 비로소 제 몫을 하는 한 명의 의사가 된다고 생각하나?

Best of Best(최고 중의 최고)인 놈들을 모아 십 수 년을 빼이치게 만드는 이유가 다 이런 상황에서 정확한 판단으로 한 명의 환자라도 더 살리라는 것이다. 그만큼 훈련이 되고도 field(실제 상황)에서 당황하게 되는 경우를 종종 만난다고…

시, 분, 초를 다투는 상황에서도 하나하나의 결정과 판단이 모두 다 맞는 결정이어야만 환자를 살릴 수 있다고…

아랫년차에게 수술을 시키려고 수술자를 바꾸지 않았다면,

한밤중에 들어가 피곤하다는 이유로 우측 대장 절제술을 하지 않고 충수돌기만 떼었다면,

유착성 장 폐색 환자에서 '설마, 괜찮겠지…'라며 band(밴드)만 제거하고 소장을 자르지 않았다면,

보호자에게 복강경으로 수술하기로 했으니 다량의 출혈이 있는데도 복강경 수술만 고집했다면 그 환자는 살 수 있었을까?

의사들이, 특히 surgeon(외과 의사)들이 자신들이 진료, 수술했던 그 수많은 환자에 대해 내렸던 자신의 판단이나 술기들을 항상 다시 곱씹어 remind(상기)한다는 것은 아나?

'그 때 이렇게 했더라면 어땠을까?'

'그 때 그 수술 말고 이 수술을 했다면 어땠을까?'

그 모든 하나하나의 사례를 자기 자신만 독점하지도 않는다.

의사들이 모여서 하는 conference(회의)는 각각의 의사들이 경험했던 희귀한 케이스부터 진단이 힘들었던 경우, 수술이나 처치가 더 나은 방법이 있었는지에 대한 자기 반성, 때로는 mortality conference(사망 환자 회의)라는 다른 의사들에게 박살이 나는 인민재판도 행해진다.

대부분의 경우 발표자는 발가벗겨진 채로 다른 의사들에게 집중 포화를 맞게 되는데...

그렇게도 치욕적인 회의를 도대체 왜 할까? 그게 전부 한 명이라도 환자를 더 살리기 위해서 하는 일이다.

자기는 만신창이가 되더라도 환자는 꼭 살려야겠다는 사명감.

그게 의사다.

환자의 동의 없이 수술자나 수술 방법을 바꾸면 의사 면허를 취소하겠다는 법안을 만들었다고 한다. 그럼 수술하다 말고 마취되고 배가 열려 있는 환자를 깨워서

"환자분, 이거 뗄까요, 말까요?"

이래야 하나?

의사가 의학적 과실이 아닌 일로 실형을 받아도 의사 면허를 취소하겠다는 법안도 생겼다.

개원했다가 파산해도 의사 면허를 박탈하겠다고 한다.

세상 어느 직종에서 실형을 받았다고 생계 수단을 빼앗는 법이 있는가?

지난 전공의 파업에 대한 보복성 입법이라는 것은 삼척동자도 다 알 일이다.

참으로 치졸하기 짝이 없다.

지난 번 전공의 파업 사태에 어디 수가 인상이라는 단어가 한 마디라도 있기나 했나?

오로지 공정한 의대 입학과 과학적인 의료를 원했을 뿐이다.

여권과 시민단체, 우덜 편들의 모지리 자식 새끼들을 어떻게든 의대로 집어넣고 싶어서 만든 제도의 부당성을 주장하는데도 억지 주장으로 국민을 호도하여 의협을 속여 도장을 찍게 하고는 그 잉크가 마르기도 전에 합의 사항을 다 뒤집고 거기에 더해 졸렬한 보복성 법안을 마구잡이로 입안한다.

그 법안들의 내용을 보면 한심하기가 짝이 없어서 도대체 대가리가 존재하기는 하는지 심각한 의심이 들기까지 한다.

뱃속을 들여다 본 적이 한 번도 없는 것은 물론이거니와

"왜 뱃속 수술인데 내(內)과가 안 하고 외(外)과가 해요?"

라는 정도의 지력밖에 없는 것들이 만들어 내는 법안들을 보고 있자면 인간에 대한 기본적인 동정심이나 인류애, 민족애마저 사그러든다.

정치인 새끼들은 잘 들어라.

14년은커녕 140년을 해도 너희는 도저히 깨우치지 못할 지식과 기술을 가진 사람들이다.

평생을 살면서 검사, 판사, 변호사는 한 번도 만나지 않을 수 있지만 죽기 전까지 의사를 한 번도 안 만나고 살 수는 없다.

내 너희의 이름 하나 하나를 똑똑히 기억해 두었다가 너희가 병이나 사고로 나를 만나게 되었을 때에 너희가 만든 법 그대로 단 하나도 어기지 않고 또박또박 지켜서 수술해줄게...

니 자식들까지도...

14

우리는 대체 무슨 죄를 지은 것일까?

내가 가장 자신 없어하는 분야가 수학인데 이게 어느 정도냐면

도대체가 한 번 들은 수치를 조금만 지나면 기억을 못 한다는 것이다.

예를 들어 '의료기관 폐업률이 42.5%다'라는 소릴 들었다면 하루, 이틀 후

엔 24.5%였던가? 63%였던가? 35.4%였던가? 이럴 정도이니 이건 무슨 수

학 치매도 이런 치매가 없다.

명색이 이과 출신인데도 수학 쪽 머리는 젬병이라 수치 하나도 기억을 못

하니 남들 다 하는 주식은 엄두도 못 내고, 다른 모든 '숫자'가 들어가는 일

들은 다른 사람에게 다 맡긴다. 그래서 병원의 경영에서도 돈과 관련된 일

은 모두 와이프에게 맡긴다.

어제 가계 수입 관련 얘기를 하다가 와이프가 한 말...

"작년 한 해 우리 병원에서 벌어들인 순 수익이 3천만 원이더라..."

한 달이 아니다. 일 년이란다. 급 우울해졌다.

(믿지 못 하시겠죠? 백퍼 사실입니다.

그럼 어떻게 먹고 사느냐구요? 와이프도 일해요... 그걸로 먹고 살아요. 이
해가 안 되세요? 글쎄요... 저 같은 의사 꽤 많을 걸요... 그러니 저보고 누
가 '에이...돈도 많이 버시잖아요', '에이... 엄살은...' 이러면 제가 얼마나
열 받겠습니까? 그런 얘기는 좀 삼가주십시오. 친구든, 가족이든...)
명색이 의사인데도 겨우 이 정도밖에 안 되나 하는 생각에 자괴감이 든다.

"차라리 병원을 접고 페이닥터를 할까?"

했더니

"나이가 50인 외과 의사를 누가 써줘?"

라는 말에 다시 고개를 숙였다.
벼라별 생각이 다 들었다.
'혹시 책을 내면 좀 팔리려나?'

했다가도
'현실성 없는 생각하고 자빠졌네... 병신이...'
라고 자책했다.

'왜 외과를 해가지고...'

결국 20여 년 전 오판의 탓으로 귀결되는 생각...
사람을 살리는 의사가 되겠다는 생각이 얼마나 순진하고 가치 없는 망상
이었던 건지...

#1

M/22(22세 남자 환자)
우측 둔부의 농양으로 내원.
진료실로 들어오는 걸음걸이부터가 통증이 얼마나 심한 지를 보여준다.

"어휴... 아니 왜 이 지경이 되도록..."
"아, 아, 아... 너무 아파요, 아, 아..."

직경 15cm 정도의 발적을 동반한 농양이다.
한 눈에 보기에도 양쪽 엉덩이의 크기가 다르다.
크기와 깊이를 재려고 피하 초음파를 하였으나 probe(탐침자)의 크기보
다도 훨씬 큰 농양이라 화면 하나에 다 잡히지도 않는다. probe(탐침자)를
피부에 갖다 대기만 해도 환자가 소리를 질렀다.

"아, 아악, 아... 씨... 아, 아..."

수술을 해야 하는 것은 당연한 것이다. 다만, 문제가 있었다.

피부 및 피하 농양(흔히 말하는 '종기')의 경우 질병분류코드는 L0292(상세 불명의 큰 농양)다.

수술의 방법은 절개 및 배농술. 수술 시간만 따진다면 10분 정도면 뒤집어 쓰는 수술이지만 그 10분간 환자는 지옥을 경험하게 된다.

작은 농양이야 국소 마취가 잘 되는 편이지만 이렇게 큰 농양의 경우 lidocaine(국소마취제)로 여러 군데에 국소 마취를 한다고 하더라도 마취가 잘 되지도 않을 뿐더러 너무 많은 약물이 들어가게 되면 심각한 부작용이 나타날 수도 있다.

가장 좋은 방법은 척추 마취 하에서 수술하는 것이지만 L0292의 질병코드로는 심평원에서 척추 마취를 인정해주지 않고 거의 100% 삭감한다.

척추 마취를 하면 적어도 하루는 입원을 해야 하는데 그 입원비마저도 삭감이다.

환자에게 설명하고 국소 마취 하에 수술을 하기로 했다.

약간 껄렁껄렁해 보이는 환자인데 나이는 겨우 스물둘.

1998년생. 내가 의사가 된 해에 태어난 환자.

"자, 환자분, 이제 마취 주사를 놓을건데 좀 많이 아플 거예요.

조금만 참으세요..."

누르기는커녕 probe(탐침자)만 갖다 대도 자지러지는 환자인데 마취 주사 바늘이 들어가니...

"으악! 악! 악! 아 씨발... 악, 악!! 아파용! 악!"

소리만 질러대는 것이 아니라 가만히 있질 못하고 바늘을 피해 움직여대니 여러 곳에 주사를 놓아야 하는데 할 수가 없었다.

"환자분, 움직이시면 안돼요."
"아, 씨, 아프니까 그렇지... 아..."
"그러게 좀 일찍 왔으면 좋았잖아요. 왜 이 지경이 되도록 참고 있다가..."
"좀 지나면 나을 줄 알았죠. 뭐 알고 그랬겠어요?"

지가 더 신경질을 낸다.
"조금만 참아봐요, 조금만... 금방 끝낼 테니까, 예?"
"아, 씨발... 으윽..."

내가 지 나이의 두 배가 넘는데도 아랑곳하지 않는다.
가까스로 국소 마취를 하고 절개를 가했다.
"윽!"

땡땡 부어 압력이 높아진 고름주머니에서 pus(농:고름)가 분수처럼 올라와 얼굴, 안경, 수술 가운에 튀었다.
어마어마한 악취...(혐기성 세균에 의한 농양의 냄새를 맡아보신 분들의 지금 표정이 어떨지는 안 봐도 비디오다.)

구역질이 날 정도이지만 대충 얼굴과 안경을 닦아내고 수술을 계속한다. suction(흡입)으로 pus를 빨아내고 고름주머니의 안쪽까지 거즈로 닦아내는데 아까보다 더한 환자의 반응…

"아악!! 아 씨발, 그만해, 그만해, 악! 아, 씨발… 악악!!"

그 무거운 수술 베드가 들썩거릴 정도로 움직여댄다.

"조금만 참아봐요, 조금만… 거의 다 됐어요. 이렇게 움직이시면 수술 못해요. 거의 다 끝났으니까 조금만, 예?"

더 깊숙이 닦아내야 하는데 도대체가 협조가 안 된다.

'삭감이 되더라도 그냥 척추 마취로 할걸…'
후회가 되었다.
물론 척추 마취를 하면 병원으로서는 남기는커녕 이 환자를 진료, 치료한 것 자체가 손해로 돌아온다. 그러나 억울함을 호소할 심평원은 멀고 아파 죽겠다는 환자는 내 눈 앞에 가깝다.
어떠한 말로 환자에게 척추 마취를 할 수 없음을 이해시킬 수 있겠느냐 말이다. 심평원에서는 분명 그럴 것이다.
"척추 마취를 하면 안 된다는 규정은 없어요, 그건 의사 선생님의 의학적 판단에 따라서 하시면 되는 거죠… 삭감이요? 그건 저희 규정에 따라…"

뻔하다.

스물두 살 녀석에게 욕을 바가지로 먹으며 겨우겨우 수술을 끝냈다.

수술이 끝나고 환자에게 말했다.

"한동안은 매일 오셔서 거즈를 갈아 끼워 넣어야 돼요."

"예? 이걸 또 한다구요?"

"별 수 없어요. 병 자체가 그런 거니까..."

"아... 씨..."

왜 치료해주는 사람인 내가 환자에게 욕을 먹고 미안한 표정을 지어야 하는 것인지...

뭘 얼마나 받는다고 이 짓을 하는 것인지...

환자는 7만 원 남짓을 내고 갔다.

그 환자의 얘기를 계속 쓰려고 했었는데...

아니다. 욕을 더 먹었다는 게 무슨 의미가 있을까... 스스로 곱씹어 괴로워질 뿐이다.

입학 성적은 수석.

졸업 성적도 그리 나쁘지 않았고, 인턴 성적도 타의 추종을 불허하는 1등이었다.

정형외과, 성형외과, 신경외과... 오라고 하는 과는 많았지만 결국 선택한 것은 외과.

아무도 하려고 하지 않는…

우리는 이것을 흔히 '뽕'이라고 말한다.

소위 말하는 '바이탈 뽕'이다. 바이탈(Vital)을 잡는 의사가 되겠다는 신념.

의사다운 의사, 사람 살리는 의사가 되겠다는 결의. 그게 나에게 주어진

사명이라는 마약.

그 마약을 먹은 자의 증상을 아는가?

대구에서 코로나가 창궐할 때 달려갔던 사람들이다. 그 마약 때문에 1천7백

명 넘게 달려갔던 사람들이다. 사투를 벌이고 있을 동료의 절박함이 어떤

것인지를 알기에 눈물이 나던 사람들이다. 같이 하지 못하는 미안함에, 환

자 곁을 지키지 못하는 안타까움에 발을 동동 구르며 죄스러워했던 사람

들이다.

옳은 부모 밑에서 바르게 배우며 자랐다.

"나라에 도움이 되는 사람이 되거라. 그것이 너의 태어난 사명이다."

누구보다 열심히 공부하고

의과대학의 힘든 과정에서도 바로 옆 학교 병원을 보면서 동기들에게 했

던 말.

"저기서 환자가 우리를 기다리고 있다는 생각이 들지 않냐? 난 정말 좋은

의사가 될 거야.

사람을 살리는 의사가 될 거야..."

병아리는커녕 알밖에 안 되는 주제에 꿈은 크게 가졌었다.

"윤이 오빠 얘기하는 거 들어보면 너무 이상하지 않냐? 무슨 의사를 하기 위해 태어난 것처럼 말해..."

응급이 있을 것.

수술이 있을 것.

생명을 다룰 것.

햇병아리 인턴 주제에 지원할 과를 결정하는 나름의 기준이었다. 멋있어 보이기도 했다.

그러나 그것만으로 내, 외, 산, 소, 흉, 응과를 선택하는 사람들이 어디 있을까?

미래가 불확실하다는 것. 내 가족까지도 사람이 사는 게 아닐 거라는 것. 최선을 다하고도 좌절하게 될 거라는 것. 잘 해야 먹살이고, 자칫하면 법정에 서게 될 수도 있다는 것. 그럼에도 불구하고 어렵게 먹고 살 거라는 것. 모르는 것이 아니었다. 다만, 그게 이 정도일 줄은...

인턴을 마치고 진료과를 결정할 때에 어느 누가 강요할 수 있는 것이 아니다. 성적으로 밀린다면야 별 수 없겠지만, 그렇다고 해서 꼭 그 해에 레지던트를 해야만 하는 것도 아니다.

방법은 많다. 아예 처음부터 생활 전선으로 뛰어들어도 되고, 박봉을 받으

며 미용 성형 의원에서 시다바리로 출발한다 하더라도 레지던트 4년을 뺑
이치는 것보다는 빠르게 안착할 수 있다.

그럼에도 불구하고 바이탈을 잡겠다고, 진짜 의사가 되겠다고 덤벼든 사
람들에게 이렇게 하는 것이 맞는 얘기인가?

안 해도 그만이었던 것을, 누가 강요한 것도 아니었던 것을,

그 '뽕'에 취해 사람을 살리겠다고 하는 이들에게 고마워하지는 못할 망정
불가항력적인 상황에서조차 비난을 한다.

모닝커피를 즐기며 유방확대술을 하는 의사는 참의사로 추앙받고, 밤새
수술하고도 중환자실에서 환자를 지키는 의사는 법원 출두 명령서를 받는
다. 살인마라고...

환자를 하나 잃을 때마다 가슴엔 칼집이 남는데 그 아픈 심장 뒤에서는 다
른 칼이 꽂힌다.

그러고도 폭력이 두려우면 어떻게 의사를 하느냐고 한다.

'잘 모르니까 그러겠지... 우리가 이해해야지...'

'법정에서는 내 진심을 알아주겠지...'

모두 부질없는 위안일 뿐... 상식, 인정, 심지어는 법마저도 철저히 뒤돌아
선다.

'왜 이걸 했을까...'

'그냥 편한 거 할 걸... 내가 뭐라고...'
'해봤자 아무도 알아주지 않는데 왜...'

이제 남은 것은 후회와 자괴감이다. 더 이상 바이탈 뽕에 중독되지 않는 의사는
생명이 경각에 달린 환자에게조차도 미안한 마음을 가지지 않는다.

'죽거나 말거나... 지 팔자인 거지...'
단 하나 미안한 것은 가족이다. 나 때문에 고생한 가족...

이제,
더 이상은 바이탈을 잡지 않는 내가 할 수 있는, 의미 있는 일이 생겼다.
수가 조정? 아니, 그런 거 말고...

후배들에게,
하지 말라고...
뽕 맛에 취하지 말고 네 가족을 생각하라고...
남이야 죽든 말든 그건 네 책임이 아니라고...
네가 살린 그 환자가 돌아서 네 등에 칼을 꽂을 거라고...
피투성이가 되어 쓰러지는 너를 보며 사람들은 정의가 실현되었다며 환호하고 박수를 칠 거라고...
결국,

네가 없는 세상에 너의 아이들만 불쌍하게 버려질 거라고…
겨우 네 살, 여섯 살인 그 아이들이…

선생님,
우리는 대체 무슨 죄를 지은 것일까요?

의사들의 목소리

" 한국 의사 실력은 특급 호텔 요리사,

하지만 근무하는 식당은 공장 구내 식당. - 인당 8천 원에 맞추어 뻔한 요리만 만들고 있습니다. 여러분이 찾아오는 병원은 그냥 그런 [구내 식당]이랍니다. "

의대생 학원 메디프리뷰

대표 원장 권양

" 어느 의사가 집도하는 모든 환자를 살려내고 싶지 않을까요? 의사는 수술실에서 환자를 살려내기 위해 혼신의 힘을 다합니다. 그러나 결과가 좋지 못한 경우가 있을 수밖에 없습니다.

대한민국에서는 환자를 살려내지 못했다고 의사를 구속시키는 일이 발생하고 있습니다. 불가항력 의료사고까지 의사에게 책임을 지우기 때문에 생명을 다루는 필수 의료는 몰락하고 있습니다. 외국의 경우 고의 과실이 아니면 의료사고는 형사 처벌 대상이 아닙니다. 의사를 위해서가 아니라 국민을 위해서라도 의료사고처리특례법 제정이 절실합니다. "

대한개원의협의회 회장

산부인과 전문의 김동석

" 저는 외과 의사들이랑 때로는 가깝게, 때로는 멀게 수술방이라는 같은 공간 내에서 부대끼고 함께 울고 웃으며 일하는 마취과 의사입니다.

언제 없어져도 이상하지 않을 '외과의'라는 직업의 고충과 어려움을 지척에서 보고 느끼는 '마취의'로서 '외과의' 선생님들을 존경하고 응원합니다. 군인, 경찰, 소방관 등과 같이 남에게 봉사하고 희생하는 사람들이 대접받는 사회가 선진화된 사회이듯이 '외과의'도 그에 걸맞는 대접을 받아야 된다고 생각합니다. "

김해 서울베스트신경외과
마취통증의학과 전문의 김상권

" 40대 후반 아줌마 환자가 진료실에서 갑자기 한다는 얘기가 자기 강아지 항생제 주사 좀 놔 달란다. "수의사에게 가야지 의사한테 오면 어떻게 하느냐?"라고 했더니 "동물병원 갔더니 감기 걸려서 항생제 맞아야 하는데 거긴 5만 원이라서 비싸요. 내가 맞는 걸로 해서 놔주세요"라고 한다. 동물 진료비보다 사람 진료비가 싸다 보니 별일이 다 있다 의사를 하면서 '한 사람의 생명을 구하는 일은 세상을 구하는 일이다'라는 자부심 하나로 일했는데 그 자부심이 점점 사라진다. "

굿모닝정신건강의학과의원 원장
정신건강의학과 전문의 박경신

❝우리 세대 의사들이나 환자들은 그럭저럭 의료 혜택의 끝자락에 걸쳐 있는데 후손들에게 주어질 열악한 의료의 미래가 너무 안타깝네요.
과연 이 의료 파탄에 대한 죄를 누구에게 물을까요? 침묵의 공범들은 죄가 없을까요?**❞**

우리정형외과 원장
정형외과 전문의 박영근

❝요즘 인턴들에게 "신경외과 할래?"라는 말이 잘 안나옵니다… 스승이 속으로 '괜히 이걸 해가지구… ㅡ.ㅡ' 라고 생각하면서 권유하기가 힘들더라구요…언젠가는 좋아질까요?? ㅎㅎ**❞**

중앙보훈병원 신경외과
신경외과 전문의 오인호

❝작년에 의료 4대악 정책 철회 투쟁에 열심히 목소리를 냈던 대한민국 전공의 중 한 명입니다. 의료계의 많은 전문가가 공공 의료를 확대하고 싶으면 빨라도 10년 뒤에 나올 공공 의대 출신 의사를 만들게 아니라 그 예산으로 공공 의료 인력 확충과 수가 정상화를 얘기합니다. 정말 필요한데 건강보험 혜택이 돌아갈 수 있도록 해달라고 외칩니다. 수많은 의사가 환자들을

위해, 의료 정상화를 위해 냈던 외침을 그저 밥그릇 문제로 호도하던 것이 너무 안타깝습니다. 이 시간에도 환자분들의 치료를 위해 불철주야 애쓰는 대한민국의 모든 의사 선생님, 파이팅입니다!

강동성심병원

성형외과 3년차 윤현종

대한민국의 모든 의사가 추구하는 제1의 가치는 돈도 명예도 아닌 내 환자의 건강과 무탈입니다. 의사로서의 자부심을 갖고 고민하고 진료할 수 있는 사회 분위기가 형성되었으면 합니다.

강북삼성병원 신경외과 교수

신경외과 전문의 정연구

주임교수님과 얘기하다 당신 레지던트 들어올 때도 외과는 바닥이라 이제 좋은 날만 남았다는 말을 들었단다. 아직 더 내려갈 바닥이 남아 있다는 게 슬프다.

고신대병원 외과 교수

외과 전문의 최진혁

"외과 관련 업종 중에 제일 사각 지대가 저 같은 두경부외과의 입니다.

빈도가 낮은 마이너라고 취급받으면서 일하고 있지요.

환자들이나 정부나 commando op. 같은 긴 시간의 수술이 있는지도 모르고 후두암, 설암 등 생명과 사회 생활에 직접 영향을 미치는 질병에 대한 지원이 부족하지요.

게다가 어려운 갑상선 수술은 전부 두경부외과의에게 보내는데 수가마저 역차별!!

3D 중 최악인데 그래도 하겠다는 후배들이 있네요."

국제성모병원 이비인후과 과장

이비인후과 전문의 홍현준